創見文化，智慧的銳眼
www.book4u.com.tw　　www.silkbook.com

# 覺醒時刻

## 創富藍圖潛意識激活

范清松、王晴天 合著

# 覺醒時刻

本書採減碳印製流程，碳足跡追蹤並使用優質中性紙（Acid & Alkali Free）通過綠色環保認證，最符環保需求。

作者／范清松、王晴天 合著

出版者／魔法講盟 委託創見文化出版發行

總顧問／王寶玲　　　　　　　主編／蔡靜怡
總編輯／歐綾纖　　　　　　　文字編輯／牛菁
插圖設計／黃淑姿　　　　　　美術設計／蔡瑪麗

郵撥帳號／50017206 采舍國際有限公司（郵撥購買，請另付一成郵資）
台灣出版中心／新北市中和區中山路2段366巷10號10樓
電話／（02）2248-7896　　　　傳真／（02）2248-7758
ISBN／978-986-271-859-9
出版日期／2019年5月初版

全球華文市場總代理／采舍國際有限公司
地址／新北市中和區中山路2段366巷10號3樓
電話／（02）8245-8786　　　　傳真／（02）8245-8718

全系列書系特約展示門市
新絲路網路書店
地址／新北市中和區中山路2段366巷10號10樓
電話／（02）8245-9896
網址／www.silkbook.com

**國家圖書館出版品預行編目資料**

覺醒時刻：創富藍圖潛意識激活 / 范清松、王晴天 合著
. -- 初版. -- 新北市：創見文化出版, 采舍國際有限公司
發行, 2019.05　面；公分-- （MAGIC POWER ；05）
ISBN 978-986-271-859-9（平裝）

1.成功法　2.財富

177.2　　　　　　　　　　　　　108003015

# 活用 NLP 技術，幫助需要幫助的人

我從事培訓事業近 20 個年頭，培育出許多卓越的身心靈講師，且之後也多與我有良好的互動，而這些講師們，又各自帶領出許多優秀的學員，范清松博士便是其一。

書中，范博士將自己擅長的企業輔導，與身心靈領域的實務操作經驗加以整合，除了加入《吸引力法則》等書所欠缺的情緒釋放技術、與核心價值信念調整外，也同時將我講授的西瓦心靈術和自身專業結合，形成獨立且創新的一套系統。此外，還告訴讀者如何靈活在工作與生活中靈活運用 NLP，相當清楚明瞭。

此書以深入淺出的方式教導提升心靈的方法，各章節末也精心安排單元練習，進行切合主題的體驗探索，如此編排巧思，必定能讓讀者們更加深刻，增添學習效能之吸收。畢竟，學習任何專業和技術，其後續的練習與實作才是最重要的；功夫若要紮實，有賴於平日的勤於練習。

我在 NLP、西瓦心靈術、催眠等專業課程已帶領與講授多年，擁有豐富的經驗，有許多世界各地的學員，不辭路途遙遠之辛勞，特地前來台灣，以期能參加我所講授的系列課程。在課堂上，我尤其重視學員們是否有融會貫通，如同本書所言：「內在，永遠是外在的因，唯有先調整好內在，才能有健康、豐盛的外在。」我敢說本書不只能讓讀者的身心靈獲得良好的平衡，還能幫助身旁任何需要幫助的人，改善自己的心理健康，朝向更幸福快樂的人生。

NLP 華人權威／*Hogan Lee*

推薦序

# 內在動能，才是實現夢想、創造價值的加速器

　　很高興能為本書寫推薦序，我著有一本《情緒心理學》，闡述情緒管理絕非坊間三言兩語、空洞的道德勸說，更應該融入現代中、西醫學、心理治療等方法，才能達成其目標，與本書觀點不謀而合！

　　作者之一的范博士是輔導企業超過 300 多家的實戰派經營管理顧問，在諸多輔導經驗中，他深深感受到企業的經營績效，凡是成長至一定的程度，便會開始產生瓶頸。

　　范博士研究企業產生瓶頸的原因，發現不是因為方法不好，也並非客戶的問題，而是因為企業的管理方式，大多只著重於外在，但其實只要企業內部的動能不夠，就無法讓員工、企業主發自內心地實踐。比如，你下定決心要瘦身，也請了健身教練制定瘦身計畫，但你卻一直沒有行動，所以，不是經營管理的方法不好，而是你的內在動能不足，才導致問題產生。

　　而內在動能是誰在管理？我是誰？負責講話的是外在意識，但負責改變習慣的是誰？我們總以為自己是憑著意識來創造並實現願望，透過意識來經營我們的生活，所以，只要無法順利達成日標、遭遇失敗的時候，便會認為自己是環境下的受害者，環境、資源狀態阻礙我們達成願望。

　　但根據神經科學的證實，我們只有 5％的時間是由表意識主導，有 95％以上的生命經驗，都是由潛意識所塑造的，潛意識不需要意識的監督或同意即能執行，決定著我們日常生活中的大小事，但我們卻

始終認為是表意識在主導，這是非常大的錯覺；所以，要改變內在動能的關鍵便是──改變潛意識的固定程式。

我在另一本著作《睡眠問題：心理治療／DIY》提到，美國哈佛大學醫學院醫生認為：「醫院裡的醫生，不一定都能治療睡眠問題。」透過這本書的觀點，我們也可以對這句話做出另一種說法：「醫院裡的精神科醫生，不一定都能治療情緒與內在信念的問題。」

范博士從科學的角度剖析，一般人在追求財富時，會總忽略潛意識，未對內在信念校準與受困情緒充分認識，常說「時間是治療悲傷最好的藥」，不料時間是不會治療傷痛的，即便有人嘗試釋放心中的悲傷、想走過傷痛，放下之前的痛苦、傷心、怨恨等情緒傷痛，更有人因此接受心理治療，但我們的內心其實仍會被過往的情緒佔據，而這種負面能量便是阻礙我們達成夢想的關鍵原因。

范博士也引用《情緒密碼》作者尼爾森（Bradley Nelson）醫師的觀點，強調潛意識對我們想達成的目標有非常大影響力，只要受困情緒沒有處理掉，這情緒便會藉由潛意識，持續阻擋我們夢想的實現。

如同書中所說，面對並釋放這負面情緒，建立正面情緒與內在信念，吸引更多創造財富的機會來到身邊，只要我們掌握釣魚的方法與心態、實現人生夢想，生命便能改變，我們也可以幫助更多人走向幸福。因此，推薦大家好好品味本書，認識心念強大的力量。

華人心理輔導專家／馮觀富 博士

# 改變內在與創造外在幸福的
# 理論與實務工具書

　　很高興能為日本經營士台北支部的傑出顧問范清松博士寫推薦序，他同時也是經濟部中小企業處考核通過高級經營管理的永久顧問，過去輔導、諮詢與培訓超過 300 多家企業，不僅是管理學博士，更是理論與實務兼具的經營管理專家。

　　我在業界的經營管理實務經驗也超過 25 年，輔導企業的資歷逾 10 個年頭，對連鎖總部輔導、品牌行銷管理、門店績效提升、主管職能強化、模擬實戰教學早已游刃有餘，卻未能跟范博士一樣，在輔導經驗中感悟出企業發展的瓶頸，其實來自人的心念。

　　近年，范博士深入專研各身心靈的領域，如 NLP、西瓦心靈術、情緒密碼、信念改變的技術、夏威夷療法等，使他在輔導企業時，能兼顧企業組織成員內在心靈層面與外在的經營管理輔導實務專業，提供企業更多元、廣泛的面向，深化企業的發展。

　　本書從大家最在意的賺錢角度出發，引導讀者了解內在心靈層面的本質，更提供具體操作的方法；也提及一般人所忽略的負面情緒釋放、正面信念，點出潛意識的重要性，以及快速改善的方法，范博士更親身進行驗證，向讀者證實方法真的有效，所以，本書可謂改變人生的理論與實務工具書。

　　這幾年，我積極推動（臺灣）阿公阿嬤節（Grandparent's Day），希望社會能夠關注容易被忽略的隔代親子關係，尤其在這工商忙碌的時代，雙薪家庭的父母早出晚歸，許多子女的童年期間，教育、陪伴

工作往往是由祖父母代為照應,但社會對老人的尊重、孝道,卻經常被視為理所當然,甚至是被忽略;這也與范博士成立啟動夢想基金會的初衷相互呼應,運用改變自己的方法、技巧,來實現人生夢想,使更多人能財務自由,有更多的能力照顧家庭、父母、小孩,讓社會氛圍改變。

總而言之,不論是我所推動的阿公阿嬤節(Grandparent's Day),還是范博士的啟動夢想基金會,無非都是希望這個社會,能因為我們的努力,而更幸福、圓滿。期待本書拋磚引玉,讓更多人重視內在心靈的洗淨,由內而外改變自己;幫助自己也幫助別人,讓社會因為我們的努力,增添更多溫暖與良善。

阿公阿嬤節(Grandparent's Day)
創辦人暨企業發起總顧問 / 李啟華

# 不僅是創富專書，也是預防醫學好書

我行醫多年，每每幫病人看診時，都能感受到他們的內心有許多壓力、負面情緒，而這些壓力、情緒正是健康的殺手，是形成許多病症的關鍵病因。

本書談的雖然是如何應用心念和外在方法創造財富，但其實有很多預防醫學的觀念隱含其中，例如作者提倡正向信念、冥想、負面情緒釋放、α腦波層的運作等，這些觀念不只想賺錢的人需要，而是每個人都需要，但比較可惜的是，我們一般都是生病了才看醫生，平時身體若沒事，就不在意，缺乏自我保健的觀念。

潛意識對我們人生影響巨大，我們會去看醫生是由表意識決定，但是否有正向思考及冥想、釋放負面情緒等保養就是潛意識的作用；如果我們平時沒有保養，身體亮紅燈才到醫院，這不是我們醫師所樂見的，反倒建議病患往內檢視，看看我們的表意識與潛意識，在信念上若有什麼不一致的地方，先好好調整過來。

這本書不僅是創造財富的專書，也是預防醫學值得推薦的好書。

衛福部桃園醫院新陳代謝科 / 林瀚民 主治醫師

# 更深層次的心靈領悟與財富改變

很高興能為范清松博士撰寫推薦序，本書從大家耳熟能詳的吸引力法則開始帶入，進一步探討內心的力量，范博士近年專注於內在創造財富的研究，更親身驗證，讓自己脫胎換骨；我想任何的理論、學說，若沒有後續研究者、實踐家來進行驗證，這些理論、學說也稱不上完善，自然不具價值性。

書中提到調整潛意識的核心信念，處理潛意識中的受困情緒，及運用創富心靈術與夏威夷療法，清理潛意識業力，讓潛意識有明確利他心的目標等，這部分對一般人來說較陌生，因為人們大多關注於意識層面，內心並不認為潛意識對於我們人生價值信念、目前達成、情緒有多深的影響。

過去學校教育除了心理相關學系會涉及此議題外，一般人對於潛意識這種看不到、摸不著的東西，其實還是抱持著懷疑的態度，這也是為什麼書中一再強調內在心靈的教育有多重要。

在歐、美有許多國家，對潛意識的研究與教育均保持開放、多元的學習態度，反觀台灣這部分還有待進一步的提升，所以我由衷地希望書中內在財富與外在財富創造的觀念，能讓讀者有更深層次的領悟與改變，如同書中所說，長久成功的創造財富，將是內在富裕心靈乘上外在富裕工具；只有我們內在的世界改變了，外在世界才會跟著改變，這才是我們每一個人改變命運、創造自己財富與人生幸福的根本。

英國劍橋大學訪問學者 / 顏上詠 教授

# 讓世界看見自己的夢想，發光發熱

　　只要提到歐都納（ATUNAS），大多都曉得這是專門做戶外休閒用品的品牌，但最讓人稱道的是，歐都納是攀登世界高峰運動的少數贊助者之一。自 2006 年籌組「世界七頂峰攀登隊」，從歐洲厄爾布魯峰、非洲吉力馬札羅峰，南美洲阿空加瓜峰、北美洲第拿里峰、大洋洲卡茲登茲峰、南極洲文森峰，並於 2009 年 5 月 19 日三名隊員成功登上珠穆朗瑪峰山頂，完成台灣登山史上首次完登世界七大洲最高峰登頂的團隊，創下兩項世界紀錄，締造許多台灣第一。尤其近年台灣的生活水準提高，戶外活動蔚為風潮，大企業開始贊助各種路跑活動，充分顯示出戶外運動、休閒活動已成為生活的一部份。

　　歐都納成立至今已四十餘年，身體力行、積極贊助舉辦各項水上、登山等戶外運動，隨著品牌歷史的腳步，見證了許多休閒活動從早年的少數小眾，逐漸成為普羅大眾都能參與的休閒活動。

　　我認為運動是幫助許多人在面對困難時，能有意志力持續下去的關鍵之一，就如同本書所談的內在信念是引導外在表現的關鍵。書中鼓勵讀者製作夢想板，而夢想目標要實現，夢想板上的目標要出於「愛」、有利他心，不單是自己好，還要對他人有幫助；只要以「愛」出發，最後可能不光有實現的機會，還可能有其他意想不到的收穫。

　　我經營企業，也是從最溫暖的員工關懷開始，不僅盡企業社會責任，甚至扛起台灣專業登山人才的培養責任，回顧自 2006 年籌組七頂峰登山隊起，歐都納贊助台灣登山隊逾 30 次的高海拔攀登，累計攀登高度超過 15 萬公尺，達 18 座聖母峰高度總和、312.8 座台北 101 的

高度。

目前為止，已花了 7 千多萬元，成功寫下第一個完成世界七大洲最高峰的台灣登山歷史紀錄，並持續培育並協助台灣登山者到世界各地挑戰世界高峰，追逐夢想。2019 年是歐都納「世界七頂峰完攀 10 周年」，我們於 10 年前完成七大洲最高峰台灣首登，為臺灣海外登山史創下全新的里程碑，也成功讓世界看見台灣。

書中范博士提到自己每天跑步、游泳，除了讓腦波常常處於 α 波，提升直覺力與靈感，又能促進身體健康，這個觀點我也相當認同。我有許多靈感與決定都是在戶外運動時產生，我從四歲便開始爬山，五歲開始游泳，為了增進夥伴之間的革命情感與同理心，我也親自帶領歐都納（ATUNAS）的夥伴攀登玉山、參加鐵人三項、橫渡日月潭及挑戰自行車……等極限活動，只要有運動習慣的人，無論抗壓性、包容性或默契相對更好，穩定性也足夠；面對挫折的忍耐力也比一般人高出許多，對於新工作、新任務，也較樂於接受挑戰、勇於創新，我認為這也是提升夥伴身心靈平衡很重要的方法。

人因夢想而偉大，其實我們看現在許多的年輕人創意是夠的，書中也提到愛因斯坦最大的發現是想像力比知識更為強大，但大部分的人抗壓性較低，面對困難、承受挫折的能力仍有待加強，當然這跟整體生活環境、經濟條件有關，沒有說誰對誰錯。

心態上要有會成功的念頭，勇於挑戰的探險精神，不要把成功率算到 80％ 以上才行動，成功率有 60％ 就可以去試，如同書中所述，要實現夢想就是每天不斷向潛意識輸送心念，以充滿感恩、喜悅的心，建立一個達成目標的情境，如果連成功的夢想都不會作，那就不用談

成功了。

　　書中也特別提到放輕鬆才能成功創造財富，透過西瓦心靈術的感恩冥想來實現夢想，我想放輕鬆，不僅是現代人抗壓的重要方法，也是創造自己成功或企業實現目標的靈感來源，這也是為什麼我們公司位於嘉義大埔的歐都納山野渡假村，會是許多企業辦理內部員工旅遊、企業共識營、潛能開發訓練的場所；除了可以讓企業員工享受舒適的戶外生活外，也能放鬆讓自己沐浴在大自然的懷抱之中，提升自己靈感與直覺能力。

　　最後，我想鼓勵每位讀者多多嘗試書中所提到的方法，開始行動建立起自己的夢想，勇於去作夢，只要自己夢想目標開始清晰、明確，人就會知道接下來該往哪裡走。所以，人生要充實、充滿生命力的迎接每一天，驀然回首時，將會發覺自己的生命充滿著喜悅與不虛此行。

　　來吧，我的朋友們，一起勇敢前進，挑戰自我，完成夢想與理想！

歐都納董事長 / 程鯤

# 一同重啟人生吧！

　　本書與恩師王晴天博士共同執筆，我負責撰寫內在創富的內容，恩師則負責外在創富的部分。王博士不僅是知名暢銷書作家，著作超過兩百本，也是成功的企業家，其創辦的培訓機構魔法講盟，更是創投企業的新寵兒；只要提到王博士，他絕對是具備內在創富與外在創富的成功白手起家的典範富翁。因此，由王博士撰寫外在創富的內容，更能完整詮釋成功創富的理論與實務，透過他過去成功實踐創富的經驗，將引領我們在創造財富的追求上，具體掌握創富方法與精髓。

　　現今社會，有許多人一心想擁有更多財富、過更好生活，不斷向外尋找好的投資方法、技術，還有發財秘密和賺錢絕招，希望自己找到一個好方法、好法則，藉此大富大貴；坊間也順應著消費者，開設如何賺錢、行銷做生意的課程，這些財富課程也教我們具備好的投資心態、賺錢心理，搭配每位專家大師的賺錢密笈、心法，便能快速致富、擁抱財富。

　　我認識一位在學校任教的老師，他也希望快速致富、擁抱財富，還特別找了台灣一位超級有名的股票投資大師，成為其會員，跟著投資大師賺大錢，也經常告訴我有什麼好的賺錢標的。結果幾年下來，我自己和這位老師的財富水平根本沒有上升，反倒是那位經常上電視節目，大談如何投資賺大錢的大師，收了不少會費、學費，所以這過程中到底是誰賺錢呢？是我們方法不對嗎？還是我們跟錯人？抑或是賺錢時機點、決策點不對，所以沒有賺到錢？

　　當時的我，與上述不斷往外尋找創造財富方法的人一樣，以為只要學會關鍵技術、方法，就能如願創造財富，但結果並沒有；所以我開始思考，當我們充滿財富、擁有更好的生活後，接下來呢？生活更好後，我們的內心要能反映些什麼？當我們有萬貫家產時，我們的內在應該是怎麼？內在是否也富裕呢？還是依然覺得少了些什麼？或是多了什麼？煩惱、困擾、困難抑或是更大的壓力？

　　擁有外在的富裕，不見得能保證我們的幸福，反而可能會因金錢捲入更多不必要的糾紛，讓內心世界更感到空虛。許多人不斷追求外在的富裕，卻未曾深刻了解富足後，能為我們的人生帶來什麼意義。所以，我們應該先向內建立富裕的心靈，才更有可能實現我們自己夢想的財富，如果說內在是外在財富的起因，只要我們找到內在創富的元素，再運用外在創富的方法，我們就可以創造出自己的創富成功方程式；我便是這樣的實證結果者，所以我深信，要想變有錢，就要掌握創富的成功方程式，才能掌握一輩子的財富，而不是短暫的財富。

　　因此，本書從科學角度出發，用簡單易懂的方式，剖析創造財富要先從內在身心靈做起，讓讀者明白創造內在富足，才能發揮吸引力法則，以創造外在富足，從而建立起由內而外的長久富足，而非一時的富足。

　　且為了讓讀者能充分應用書中的方法，每個單元結束都有規劃練習，強化讀者日常操作的方便與習慣養成。學習這件事，書本上的知識，只是用來輔助讀者入門與解惑而已，在觀念與習作上必須靠自己每天不斷的練習，才能融入在生活之中。

　　本書章節安排上，首先開門見山地道出每個人不論出身貴賤，內

心肯定都有一些夢想，但因為現實造化，使我們漸漸失去熱情與夢想的創造，期待本書由內而外有系統的創富方法，再次啟動大家內心潛藏已久的夢想，更如同加速器般，協助讀者加速實現夢想。

第二篇以科學角度讓讀者明白要外在富足，要先進行內在身心靈的創富。談到科學界對內在身心靈如何影響外在財富的研究與發現，情緒到底是如何阻礙我們創造財富，為什麼坊間成功激勵的課程失敗率高達 97％？待問題釐清之後，進而提供解決方案，善用潛意識、冥想、創富心靈圓夢技術、夢想板的製作來實踐內在創富。

第三篇則延續內在創富，進一步引導讀者如何將內在顯化為外在創富，也就是如何將財富的靈感、直覺轉變成可行的商業模式，運用簡單易懂、可實現的 NLP 框架引導目標的實踐，建構成功的創富模式。接著針對創富的外在方法如 Business&You 國際級管理課程進行介紹，提出優勢與效果，再討論如何應用國際性的創富工具「區塊鏈」的，順利創造財富。

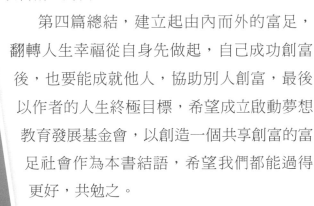

第四篇總結，建立起由內而外的富足，翻轉人生幸福從自身先做起，自己成功創富後，也要能成就他人，協助別人創富，最後以作者的人生終極目標，希望成立啟動夢想教育發展基金會，以創造一個共享創富的富足社會作為本書結語，希望我們都能過得更好，共勉之。

*Chapter*

## 3 外在創富，讓夢想得以付諸

Chapter

## 4 由內而外的創富人生

### 附 錄

**創富能量手冊**

# 啟動你的
# 夢想加速器

# 多數人都搞錯了創富的方法

　　大多數的人都希望成為有錢人，筆者以往也始終抱持這想法，但過去二十年來，每月領著微薄的上班薪水，扣掉家庭、養兒育女等生活所需，也所剩無幾，要買間上千萬的房子，根本不可能，更別說做生意發財賺大錢，只能懷抱個夢想而已；但如果你跟筆者先前的想法一樣，那就真的別想翻身了。

　　筆者開始接觸吸引力法則後，才知道過去不夠積極的負面態度，反倒會吸引許多負面能量，包括車禍、失業沒有收入，過著下一餐不知道在哪裡的窮苦日子，且這種生活還持續五年之久。

　　因此，我開始改變想法，相信自己的人生可以翻轉，經濟狀況一定能夠好轉後，沒想到人生竟真的產生了些微變化，但即便我認真運用吸引力法則、確實執行，二、三個月過去後，仍有很多目標未實現，心中期待的夢想都沒有成真時，也就漸漸淡忘了。

## 危機出現時，人生才有轉機

　　筆者在念博士班時，也同時一邊兼課教書，當時指導教授因故無法繼續指導，只好另尋教授，這才驚覺自己已蹉跎了四年的時光，讀這麼長時間，仍未拿到博士學位，有好幾位同學早就畢業了，倘若再不積極，人生可能就這樣被自己耽誤，念個十年都還沒畢業。

我明白知道自己必須盡心攻讀才行，若能在五年內取得博士學位那更完美，但我那時連一篇國際論文都還沒寫出來，離博士畢業的門檻差了一大截。在當時，博士學位可不比現在容易取得，且要在國際期刊上發表論文更是困難，尤其是管理科學領域，在國際學術圈有著不成文的潛規則，倘若研究生的論文被收錄於國際經濟學資料庫（EconLit／SSCI，以下稱資料庫），即代表該研究者具備一定水準，等於取得博士畢業的通關門票。

　　當年，博士的畢業門檻是至少要在資料庫發表二篇學術文章，但這基本門檻對大多數的研究生來說，是相當大的挑戰，而且，在當時的學術研究體制下，如果論文無法登上資料庫，那前面的研究企劃就會被認定為沒有參考價值，等於這些年都是白念的，學費也白繳了。

　　筆者念書時有每天晨跑的習慣，得知原指導教授無法繼續協助後，想藉由跑步紓解當下焦慮的心，沒想到跑步後反而靈光乍現，想到可以找班上同學討論，於是我馬上與同學們約時間碰面，果然順利尋求到解決辦法。他們建議我去找一位顏教授，該教授在學術圈的地位崇高，倘若我能順利請他指導，相信一切問題都能迎刃而解。

　　在顏教授的指導下，筆者花不到一年的時間，便在國際期刊上連續發表三篇論文，實現五年內取得博士學位的目標。而這事件的關鍵點便是——靈感，從順利找到指導教授至後續撰寫論文，讓一切不可能的事情變成事實，都要歸功於它。

##  α 腦波是讓吸引力法則成功發揮的中介橋樑

人在運動後，腦波將從原來的 β 波降到 α 波，α 波是靈感與直覺力的來源，能激發我們產生好點子，以運用在事業上，替自己創造財富，這在後面章節會再做詳細說明。

人在覺得自己的能力有限時，才會認真地去探索自身心念與外在環境之間的關係，為什麼坊間這麼多人在談論吸引力法則，卻不是人人都能美夢成真？吸引力到底是真是假？如果是真的，為什麼這些有著正向、積極想法的人，仍無法吸引到更多正向、財富之類的東西呢？是命不好還是根本就沒有宇宙法則？我想正在閱讀此書的你，一定也對這個問題充滿疑惑，就跟筆者當時一樣。其實吸引力法則確實存在，只是我們對自己的了解普遍不足，因而無法掌握關鍵，以致結果是「無效」的。

我始終強調一個論述：「放輕鬆才能創富。」關鍵在於前面談 α 腦波的概念，α 腦波是讓我們進入潛意識，與潛意識溝通的橋樑，又稱為放鬆波；科學家發現，α 波會產生快樂感、幸福感，使直覺力湧現創意……等，且腦波的節奏越慢，心情就越平靜鎮定，任何事都能看得更明白，這在後面章節會再詳細說明。

研究潛意識的權威大師約瑟夫‧墨菲（Joseph Murphy）博士有一說法，若在徹底放鬆的狀態下，把夢想如暗示般的唱誦出來，將比理性活躍運作的日常時間，易於傳達至大腦，能更強而有力地被傳送至潛意識中，未來得以實現。

## 夢想破滅源於心念，而非命運

　　有些人喜歡去算八字、紫微、姓名學，算命這門學問，例如八字乃依據每個人的農曆出生日期，換算成天干地支，得出命格的內在規律，所以一個人的命有先天的定數；但命格可能會受到流年影響，像運氣、運勢，因此，命格和流年就是大家常說的命運。

　　而這種內在規律的命格，得搭配外在客觀環境的流年，也就是天時、地利、人和等因素的配合，才能展現出人生的命與運；但如果外在的客觀環境不能相互配合，命格就無法充分發揮出來，原先命中註定的東西就不會全然應驗。反之，倘若我們藉由宇宙法則運作，產生外在的天時、地利、人和，與原先的命格配合，便能形成「命不好，但運氣好」的結果。

　　像我們是不是常看很多去算命的人，在得知自己的命格不好後，便因此始感到沮喪、失望，甚至是意志消沉，使我們的想法、心念產生更多的負面能量，以致天時、地利、人和之間的配合不佳，產生更多不好的負能量，形成我們常說的「沒這命、沒這運」，導致命運不好的結果發生。

　　所以，是我們創造了一個命運都由別人掌握的假象，但我們之所以會如此認為，其實在於自己，因為我們從某管道得知自己的命格後，便將自己困住、動彈不得，忽略運氣、運勢其實是可以自己掌握的；人生並非被命運所操控，而是我們的心念所造成的結果。

　　台灣已故的國寶級命理大師暨大六壬專家──尹仲勤老師，生前諮詢過無數件命盤個案，他提出一重要觀點，當了解自己的命盤後，最重要的是自己的態度和思考問題的想法，你是否有用正面、積極的心念去展望未來。此觀點最重要的便是想法，而不是任由自己被命盤

所牽制，跟我們的命格好不好沒有絕對關係，以我自身為例，即使我對命理有一定的研究，但命理老師們只要談到我的命格，他們肯定會說我是爛命一條，沒有什麼財運。

　　筆者曾做過魏氏量表的智力測驗，測驗分數落在90～109級距，算是中等分數，學習能力強，但資質並不卓越，工作經驗十多年了，年紀稍長還常忘東忘西，可即便如此，我還是能在四十歲前取得博士學位，而且順利在五年內畢業。當時班上有好幾位同學不是放棄，要不就是念了八、九年還是研究生，相形之下，你認為筆者還是爛命一條嗎？其實就看自己如何決定自己的人生罷了。

▲ 與台灣國寶級命理界大師大六壬專家尹仲勤合影。

　　那當我們的命盤被牽制住時，我們能對自己充滿自信嗎？其實這個問題，被我們的思考習慣影響著，只要改變習慣，我們每個人都能

對自己充滿自信。所以，我們要有一種認知，時常養成自己充滿自信的習慣，而養成此習慣最簡單、好用的做法就是，每天想一件值得被稱讚的事蹟，倘若想不出來，那不妨一次寫下三十天的份，無論人小事都可以，每天再閱讀一個就好。例如：「你的文筆很好！」這就是一件值得被稱讚的事情。

全球暢銷書《有錢人想得和你不一樣》作者哈福‧艾克（T. Harv Eker）便認為，真正衡量財富的標準為淨值，而不是工作收入或身上有多少現金。有錢人為什麼有錢？因為他們專注於淨值上的累積，窮人卻執著於工作收入。

淨值指的是名下所擁有的不動產、股票、債券、現金和事業的價值及可變現的投資標的，其中累積不動產也是有錢人最常灌輸小孩的觀念，雖然不動產有起有落，但在五年、十年，甚至是二十年之後，其產值一定也會比其他項目高山很多，保值性是最高的。

倘若你有三棟房子，也有自己事業體所發行的股票、相關投資以及流動性資產，那這些加總起來再扣除債務，可能也超過上千萬資產，即便你不像王永慶、郭台銘一樣大富大貴，但日子也絕對過得不窮酸。

## 別搞錯創富的方法

追求財富、改變生活品質是許多人努力工作的目標，但也正是因為追求財富太重要，所以會認為與其掌握賺錢的機會和管道，倒不如知道賺錢的方法，例如買股票、房地產，還有近年最夯的虛擬貨幣，購買比特幣或以太幣等，甚至連買彩券，都被認為是獲得財富的方

法。

　　但根據國外調查顯示，有近70％的彩券得主最後仍步上破產的命運；金融市場上也有許多人在股票上融資斷頭，負債落跑；抑或是購置太多房產，以致資金無法周轉，而慘遭法拍，當初因房產發跡，最後卻又因房產敗落。

　　上述這些都是追求財富的外顯方法，全球暢銷書《財富原動力》作者暨億萬富翁羅傑・漢彌頓（Roger Hamilton）曾說過一句經典：「如果你希望自己的事業、財富提升，就要想辦法改變你過去在潛意識中輸入的『正常值』；反之，如果『正常值』不變，即便你能獲得短期成果，但長期來看，你的財富狀態還是會恢復原狀。」

　　羅傑・漢彌頓是位相當值得借鏡的人物，從沒錢翻身億萬富翁，又從億萬富翁變得窮困潦倒，最後悟出創造財富的真正方法，因此，他特別指出創造財富的方法，不只在於外顯的賺錢工具及管道，更應著重於一般人不會特別注意的內在狀況，我們是否有花時間及精神，去確認內在潛意識的正常值，而這正常值便是財富信念。如果潛意識認為我們不值得擁有，即便你發了一筆橫財，這筆錢很快就會花完，你還是會回到原點，留不住財富。

　　所以，如果當初筆者認命，接受算命所說的爛命一條，人生得過且過就好，可能就真的屈服於原本的命運了；但我選擇相信宇宙法則，更調整內在的潛意識核心信念，釋放許多積存在身體與潛意識的負面信念及情緒。因此，只要用對方法，秉持著內在改變能吸引外在財富的想法，對內在的潛意識進行調整，我們就能確實改變自己，生活條件會因此而改變。

　　BBC英國廣播公司做過有關潛意識的特輯，我們以往總認為自己

能控制自身的行為、想法與感覺，但科學家研究發現，我們心中之所以有這種感覺，想著為什麼會演變成最後的情況，其實都跟我們的潛意識有關。

　　所以，我們以為自己能掌握的事情，其實跟實際做出來的行為有著明顯的差異，因為大部分的時間，人們會任由潛意識控制我們的行為，從吃飯、睡覺、談情說愛……等等，都是潛意識在背後主導；因此，若你還認為自己可以控制自己的行為的話，你或許該重新思考一下了，後面章節筆者會再詳細探討這個原因，改變潛意識無形的操控。

## 單元練習

### 思考自己有哪些值得被稱讚的事情？

請寫下30個可被稱讚的事蹟，每天閱讀一個，不論大小事都可以，例如：「同事跟主管說我是位善解人意的人，主管也很認同。」這就可以算是一件值得被稱讚的事蹟。

寫好後，請沿著線剪下來，放在皮夾裡或家中顯眼處，每天至少看一次，看越多次越好。

| | | | |
|---|---|---|---|
| 第 1 天 | | 第 16 天 | |
| 第 2 天 | | 第 17 天 | |
| 第 3 天 | | 第 18 天 | |
| 第 4 天 | | 第 19 天 | |
| 第 5 天 | | 第 20 天 | |
| 第 6 天 | | 第 21 天 | |
| 第 7 天 | | 第 22 天 | |
| 第 8 天 | | 第 23 天 | |
| 第 9 天 | | 第 24 天 | |
| 第 10 天 | | 第 25 天 | |
| 第 11 天 | | 第 26 天 | |
| 第 12 天 | | 第 27 天 | |
| 第 13 天 | | 第 28 天 | |
| 第 14 天 | | 第 29 天 | |
| 第 15 天 | | 第 30 天 | |

# 太棒了！找到創富的祕密

前面提到，現今有許多人一心想擁有財富，向外尋找好的投資方法、技術，以及發財的祕密、賺錢絕招……等，想過上更好的生活，不斷努力，希望可以藉此大富大貴。坊間也順應著消費者需求，開設許多教導大家如何創業賺錢、銷售的創富課程，並傳輸正確的觀念，教導學員要有好的投資心態及賺錢心理，然後再透露一些賺錢祕笈及心法，讓學員快速致富、擁抱財富，吸引其他更多的消費者。

我至今仍與以前的國小老師有聯繫，他也是想快速致富、擁抱財富的人，還特別去找一位專門教授股票投資的超級名師，成為其學生，跟著大師賺大錢，並經常報明牌給我，告訴我有什麼賺錢標的。

但幾年下來，我跟老師的財富水平都沒有上升，反倒是那位超級名師賺了不少錢，他經常上電視節目教導大家如何賺錢，然後又因為節目播出，替自己招攬不少學員，收了大筆大筆的學費；你認為，這整個過程中，賺錢的到底是誰？難道是我們用的方法不對嗎？還是跟錯人？沒抓準賺錢時機點，抑或是決策不對呢？

總以為只要學會一些關鍵技術、方法後，就能如願創造財富，但結果卻不是如此，所以，我不禁開始思考，我們不斷追求財富的目的為何，是希望擁有更好的生活嗎？那生活過得更好之後，是否還要能反映我們內心的什麼呢？請問我們擁有千萬財富後，內在的狀態應該是什麼？而外在富裕後，內在是否也能富裕呢？是否仍覺得少或多了

什麼，是煩惱？困難？還是更大的壓力？

## 外在財富取決於愛與喜悅等內在情緒

外在的富裕，不一定能保證生活的幸福，你可能會因為金錢，而捲入其他不必要的糾紛，使內心世界更感空虛。所以，與其不斷追求外在財富，卻未能深刻了解擁有財富後，可以替自己的人生及內心帶來什麼意義，倒不如先向內建立富足的心，這樣或許更有可能實現我們人生的富足。

全球知名暢銷書《夢想密碼》作者亞歷山大・洛伊德（Alexander Loyd）博士，他認為一般人只知道追求外在，殊不知外在永遠無法創造內在，內在永遠是外在的起因，最終能否創造出自己想要的外在狀態，完全取決於愛、喜悅、平靜等內在因素。

所以，如果內在是外在財富的起因，那只要找到內在富足的元素，再有效運用外在創富的方法，就能成功替自己建立創富的成功方程式；而我就是這個方式的實證者，只要掌握創富的成功方程式，就能握有一輩子的財富，而非短暫的錢財。

億萬富翁哈福・艾克（T. Harv Eker）也說：「唯一能改變外在財富的方式，就是先改變你的內在財富。」他認為世間萬物皆由能量構成，而所有的能量都是以頻率與振動方式在移動，所以我們要每天將感恩與療癒的宣言說出來，此能量將穿透身體裡的細胞記憶。好比我們用食指碰一下自己的頭，就能感覺到這特殊共鳴，這也是NLP（Neuro-Linguistic Programming，神經程式語言學）的心錨原理，將一個強而有力的訊息傳送到我們的潛意識之中。

## 吸引力法則成功的關鍵

我們要如何擁有內在創富的本質，這本質難道只需要洛伊德博士主張的愛、喜悅及平靜等內在狀態就可以了嗎？我們現在就來談談人生的本質，同樣的方法讓兩人運用，過程中的選擇、決定不同，所形成的結果就不同。前面有提到，既然宇宙法則是確實有效的，那為什麼還是有「有效跟無效」的區別，問題出在哪裡呢？

根據筆者這幾年的研究，答案就在於「受困情緒會牽扯潛意識與表意識反向作用，以及人生代代累世在潛意識所形成的業力上」，說得更簡單一點，就是因為我們的表意識和潛意識彼此間不整合、不協調所致。許多人想藉由吸引力法則，吸引更多的財富，但卻經常落空，即是因為表意識與潛意識之間沒有協調好。

沒有協調好的原因是什麼？《情緒密碼》作者布萊利‧尼爾森（Bradley Nelson）有點出關鍵，他認為潛意識對我們想達成的目標有很大的影響力，但受困情緒會經由潛意識的運作，扯我們的後腿。所以，才會演變成我們努力想維持正面且積極的心態，盡可能地將自己的狀態調整至最好，但受困情緒會突然背叛我們，不斷對宇宙發出負面的思想頻率。

因此，只要我們內心的受困情緒越多，潛意識所發送出來的負面能量就會正比向上增長，自然較難吸引到內心真正想要的事物；其次，便是我們的信心不足所致。

例如，我們要讓潛意識知道自己想要變有錢，那首先你就要感覺自己是富裕的，讓富裕念頭的振動能有效傳遞到量子場，之後才會顯化為心中所想要的結果；但只要我們認為財富稍有減少，慌亂的念頭及信心就會被打亂，原先傳達到量子場的頻率受到改變，致使心中所

想的目標無法被顯化。

　　所以，只要我們擺脫負面的受困情緒，就能發現自己較容易處於富裕、快樂且平靜，以及真誠、慈悲的狀態，而這正是顯化我們夢想的關鍵因素、創富的祕密。那依據上述，我們可以進一步詮釋整個成功的吸引力法則。

- 找到自己內心，比如你已經富裕或達成目標，這時你內心最想要的情緒是什麼？
- 想像達成富裕目標的感官：聽到什麼、看到什麼、觸碰到什麼、聞到什麼。
- 向神性智慧（亦統稱為宇宙）下訂單。
- 調整潛意識的核心信念。
- 處理潛意識中的受困情緒。
- 運用創富心靈術，讓潛意識有明確的利他目標。
- 運用夏威夷療法「Ho'oponopono荷歐波諾波諾」，對阻礙財富創造的過程及潛意識的業力進行清理。
- 保持利他的富裕情緒。
- 將靈感與直覺轉變為可賺錢的商業模式。
- 努力實現目標，感恩宇宙幫助我們實現夢想。

1. 培養想要的富裕情緒。
2. 想像富裕時的感官，聽、看、觸碰、聞到什麼。
3. 確認心中利他的財富目標，感謝神性智慧（亦統稱宇宙）實現。
4. 調整潛意識的核心信念。
5. 處理潛意識受困的情緒。
6. 每日運用創富心靈術，讓潛意識明確利他的目標。
7. 每日運用夏威夷療法「Hooponopono」清理累世業力。
8. 保持利他的富裕情緒。
9. 將靈感與直覺轉變成商業模式。
10. 努力實現目標，感恩宇宙幫助我們實現夢想。

▲ 成功吸引力法則。

　　唯一獲得美國約瑟夫‧墨菲潛意識研究最高權威殊榮的日本心理治療師井上裕之，他在研究潛意識時發現，人的語言為潛意識的羅盤，當你聽到正向的話語，潛意識就會朝該方向運作；反之，若聽到負面言辭，潛意識則會朝反方向後退。根據此研究結果，他提出實現年薪三千萬的潛意識催眠話語，建議大家可以每天不斷練習，強化潛意識的運作，以利目標實現。

🐚 我打從心底熱愛錢。

🐚 錢潛藏著讓人幸福的最強能量。

🐚 我尊敬錢，而且深信錢的力量。

🐚 我有年薪三千萬的價值。

🐚 我想賺多少，就賺多少。

🐌 我擁有吸引宇宙無限財富的能量。

🐌 無論現在還是未來，我都能透過潛意識度過最棒的富裕人生。

但如果你的潛意識已接受了一些錯誤的指令，若想改變，那就要灌輸比之前更強烈的指令，時常讓心靈接受正確的指示，藉此形成新的習慣與思想，潛意識就會努力實現心靈所賦予的計畫與想法。

因此，若想過上美好的人生，就要在任何的場合使用正向的詞彙，尤其是那些想達到創富目標的人，更應該每天複誦，持續這個好習慣。根據潛意識權威約瑟夫·墨菲博士的說法，倘若你想實現夢想，你就要每天不斷向潛意識輸送心念，以充滿喜悅的心感恩，想像自己處在美好的情境中。

## 🅢 運用夏威夷療法，除去潛意識累世的業力

決定我們能否通往創富的內在關鍵，除了潛意識外，還有一個關鍵是導致我們重複人生模式的資訊（業力），而它又潛藏在我們的潛意識之中。

提倡夏威夷療法「Ho'oponopono荷歐波諾波諾」的伊賀列卡拉·修·藍（Ihaleakala Hew Len）博士認為，我們生活周遭發生的所有事情，某部分來說都跟我們有關，我們是那唯一的負責人，你只能透過不斷清理內心，淨化潛意識中的雜訊，待潛意識中的毒素清乾淨後，凡事就通順了。

因此，我們要積極清理我們的內在，當內在獲得完整清理後，成就自己的靈感便會自然浮現，我們心中所想的財富也將隨之到來。

夏威夷療法最重要的即是「刪除資訊（過去的記憶），成為零的狀態」，若用佛教的角度來解釋，刪除資訊（過去的記憶）就是所謂的消除業力（Karma），指人在特定情形下展現出特定的行為，就會讓我們下次遇到相同情況時，使原本沉睡在無意識空間，用來處理特定情形的業力甦醒，向我們下達行動指令，做出相同的動作；而這些資訊（業力），就會在潛意識的各種記憶中重播，導致我們煩惱、痛苦、產生病痛及貧困……等。

所以，即便我們意識到必須隨時保持正向的心，來創造富裕的振動頻率，但如果潛意識中那些不好的資訊（業力）未被消除，潛意識就會持續重複既有的人生模式，那我們就不會產生改變，就算學再多創富方法，也無法顯化出我們想要的結果。因此，若想要成功創富，第一步便是要清除潛意識中反覆干擾的資訊。

根據筆者實際的研究與實驗，夏威夷療法「Ho'oponopono荷歐波諾波諾」中的四句話：「對不起、請原諒我、謝謝你、我愛你」，便是最有效的方法，只要不斷對自己說這四句話，你的資訊（業力）就能被清理乾淨，就這麼簡單。

另外，修藍博士也建議喝藍色太陽水，藍色太陽水會清空潛意識裡重播問題的記憶，因為潛意識是創世以來，累積所有記憶的資料庫，若這個資料庫有太多垃圾沒有清空，便會佔據神性智慧的空間，阻撓靈感流入。

那藍色太陽水該如何取得呢？很簡單，準備一個藍色玻璃瓶，或是在玻璃瓶的瓶身套上藍色可透光的玻璃紙，將過濾後的純淨飲用水注入瓶中，切記，在曬太陽時，不可在瓶口蓋上塑膠瓶蓋，避免塑化劑……等有毒物質影響人體，使用軟木塞或陶瓷碗覆蓋即可。

　　曬過太陽的水喝起來特別甘甜，且藍色在色彩學來說，能帶來放鬆、鎮定、紓壓的功效，適合容易緊張焦慮的人使用，另外像身體容易發炎、疼痛的人，藍色也可以改善其發炎的狀態。

▲ 自行製作藍色太陽水。

　　夏威夷療法「Ho'oponopono荷歐波諾波諾」特別強調，如果家中發生某些問題，那公司肯定也會發生某些問題，因為家庭與公司是透過自己而結合，兩者會互相影響；反之，如果公司發生問題，家裡一樣會連帶受到影響，所以，清理好家中的問題（業力），公司的問題也能間接被解決。

## 單 元 練 習

### 實現年薪三千萬的潛意識催眠話語練習

根據前文提到井上裕之博士的研究結果，若要實現夢想，就必須每天不斷向潛意識傳送心念，以強化潛意識的運作。那我們不妨試著操作看看，將「實現年薪三千萬的潛意識催眠話語」列印出來，貼在梳妝台或浴室鏡子旁邊，每天早晚照鏡子時，一邊在心中默念……

- 我打從心底熱愛錢。
- 錢潛藏著讓人幸福的最強能量。
- 我尊敬錢，而且深信錢的力量。
- 我有年薪三千萬的價值。
- 我想賺多少，就賺多少。
- 我擁有吸引宇宙無限財富的能量。
- 無論現在還是未來，我都能透過潛意識度過最棒的富裕人生。

# 內在與外在需相輔相成

研究美國富裕人口的權威湯瑪斯・史丹利（Thomas J. Stanley）博士認為，若想擁有一個有錢的口袋，必須先讓自己具備富翁的心靈。前面提到的億萬富翁羅傑・漢彌頓（Roger Hamilton），也同樣將焦點著重於內在的潛意識探討上，如果內在潛意識的財富信念，認為我們不值得擁有財富，即便突然致富，仍很有可能回到原點，這只是短暫的財富，無法守住。亞歷山大・洛伊德（Alexander Loyd）博士亦同，外在永遠無法創造內在，然而內在永遠是外在的起因，最終能否創造出自己想要的外在狀況，完全取決於愛、喜悅、平靜等內部狀態；就連哈福・艾克（T. Harv Eker）也支持此論點，改變外在財富的方式，就是先改變自己內在財富的心靈狀態。

## 富足的心靈優先於外在賺錢的工具與方法

從上述幾位實證的億萬富翁與研究權威的主張，讓內在優先於外在的論點更為強化，許多創造財富的方法都低估了內在狀態的重要性，甚至直接忽略內在。像很多培訓課程，主講者大多會要求聽眾、學員照著他們的方法做，將焦點放在運用什麼方法、技巧，只要照著投資便可以致富，內在情緒與信念的探討卻鮮少提及。

這或許跟我們的教育體制有著很大的關係，因為無論是學校教

育還是非正規教育的培訓機構，都沒有對學生內在心靈的管理與提升進行教育與培訓，導致我們過度追求外在的工具與方法，總以為這些能看到、摸到的東西才是最真實的，因而把豪宅、名聲、穿著、金錢……等，視為一生努力的目標。

這些外在目標固然是驅使我們努力的重要動力，但關鍵問題仍在於我們對自己內在的信念所知太少，不清楚內在是否也充滿認同感，認為自己是值得擁有財富的人。

我們小時候可能因為什麼事情，造成心靈創傷或不好的人生記憶，導致我們的內在其實是不認同自己的，認為自己不應該擁有富足的人生；而這也與羅傑・漢彌頓所說的相呼應，即便短期致富，你的人生也很有可能站在原點，守不住財富。

因此，筆者一直強調內在的重要，以凸顯環境對財富觀念似是而非的意識形態，讓讀者了解，原先追求金錢的方法，其實是需要被調整的。

## 好的方法，要能帶來穩定且長久的財富

筆者知道，如果只跟大家討論內在創富的方法，卻沒有提供賺錢的機會或管道，一定又會淪為一般坊間身心靈的書籍，缺乏將兩者整合為一的系統，筆者之前看過一部由奧斯卡影帝威爾・史密斯（Will Smith）主演的《當幸福來敲門》，該片便成功傳達出內外相輔相成的重要性。

整部影片，明確地將主角內心想要的幸福表現出來，也就是為了他的兒子，有著強烈追求幸福的動機。其中有個片段我至今仍印象深

刻，主角因付不出房租被房東趕出租屋處，導致父子流落街頭，不知道該如何是好，人生從此產生巨變。

父子倆被趕出來後，只好到地鐵站的洗手間過夜，兒子無法理解為何有家回不得，主角只能用最樂觀的心態與滿滿的父愛，告訴兒子他們正在玩遊戲，坐上時光機，結果遭到恐龍的追殺，只能逃到一座山洞，而這座山洞就是現處的洗手間。

兒子睡著後，主角摟著熟睡中的兒子，坐靠在廁所的牆邊無聲地流下眼淚，這幕令我印象最為深刻，相信很多看過此電影的人也對此記憶猶深，覺得相當感動。

當人生遭逢最低潮，任何的打擊對他來說其實都只是種磨練，尤其是身旁只剩下唯一的摯愛，也就是他的兒子，因此，在追求幸福的過程中，無論生活多麼艱辛，也不願孩子的心靈蒙上一點陰影，不讓兒子對生活、對人生失去信心，這是一位父親對孩子的愛，簡單、平實，卻相當感人，令人為之動容。

主角還曾在籃球場上對兒子說：「別讓別人告訴你，你做不了什麼，即使是我（父親）也不行。」也因為主角遭遇過種種經歷，又對兒子說：「如果你有夢想的話，就要去捍衛它；如果你有理想的話，就要去努力實現它。」劇中的兒子過於年幼，可能還聽不太懂，但對我們這群觀影者來說，卻有著很深層的隱喻，相當激勵人心，至少筆者有因此被震撼到。

每個人心中都一定有自己的夢想，但有能力的人會努力把夢想變成現實，電影除了向我們傳達應該相信自己的夢想外，還要堅信自己有能力創造我們想要的目標。

但在創造且實現夢想的過程中，要如何減少人生不必要的阻礙與

冤枉路，就不單只靠內在的力量而已，還要學習正確的外在方法，否則就會像電影一樣，主人翁將全部的積蓄都拿來購買檢查骨密度的掃描儀，整天拎著這台儀器向各家醫院推銷，但又因為機器價格過於昂貴，以致乏人問津，最後搞得自己入不敷出，衍生出後面不幸福的人生。

　　所以，內在創富固然重要，但如果沒有外在創富的方法，僅憑著內心強烈想成功的欲望、拼命往前衝，只會讓自己迎來更多的失敗與打擊，且有時候突破一個關口，可能就會浪費我們好幾年寶貴的時間與金錢；因此，唯有富足的內在與適合的外在賺錢工具與方法搭配，才能讓我們擁有穩定且長久的財富。

## 💲 財富講求的是內外兼具

　　在中文字詞的字義上，內外兼具解釋為「既講究內在的本質，又講究外在的表現，使兩方面互相配合且整合，才能平均、協調地發展」；同理，內外創富兼具的定義也是「既講究內在創富的本質，也講究外在創富的方法」。

　　當我們調整好自己的內在狀態時，就能自動吸引財富來到我們身邊，包括外在賺錢機會、賺錢的靈感，以及在賺錢上有更好的敏銳度及執行力，然後再加上學習外在創富的方法，我們肯定能行在確實有效的財富道路上，且還是走在高速公路上迅速抵達，而不是泥濘不堪的產業道路。

　　為完整詮釋創富內外兼具的重要性，對於外在創富的方法上，會延續剛剛所討論的內在創富，進一步引導讀者如何將它顯化為外在財

富，講白話點也就是將財富的靈感，轉變為可行的商業模式，而且這個商業模式還是富有國際觀的。

很多人畢業出社會、結婚組成家庭後，都還不是很清楚自己真正想要的到底是什麼，可能還在困惑、思考就這樣不斷工作養家，一直到退休，還悟不出心中的問題。其實你可以運用NLP目標框架引導模式，來釐清自己內心想要的是什麼，這樣才有明確的動機來實現願望，有步驟地追求財富，實踐自己的夢想。

但在追求財富的同時，你對於經營事業及銷售、行銷，也要有一定的專業知識，所以後面還會跟大家討論如何以斜槓創業，來展開創富人生，掌握最適合自己的賺錢方式。

在此，也特別向讀者推薦國際級課程Business & You，由具實務及專業性的美國杜拉克學院推出，此國際級課程主要由五大教父——世界管理大師彼得・杜拉克（Peter F. Drucker）、《富爸爸窮爸爸》作者羅伯特・清崎、Money & You的富勒博士（R. Buckminster Fuller）與銷售大師博恩・崔西（Brian Tracy），以及首席商業教練布萊爾・辛格（Blair Singer）所推崇。

五大權威先後投入，聯手打造史上最強的商業經營成功學，協助我們在經營管理的關卡上暢通無比，看到市場趨勢、建立利基市場，讓我們在創富的道路上，不再走冤枉路。

另外，筆者也會介紹目前國際區塊鏈的財富應用技術，先透過Business & You國際級課程，學習大師賺錢的要訣與經營方法，再導入實際有效的創富工具——區塊鏈，讓讀者朝擁有被動收入的BI象限邁進，成為真正的成功者。

一個好的追求財富的方法，應該要能帶給我們穩定、長久的富

裕，內外兼具、相輔相成；換句話說，若想長久且成功的創造財富，就要將我們富足的內在乘以外在賺錢的工具。

**長久且成功的創造財富＝富足的心靈內在×外在賺錢的工具**

倘若我們的內在為零或負數，那即便我們的外顯很厲害，創造的財富也可能只是一時的，最終仍會回到原點，甚至是破產，什麼也沒得到。

## 單元練習

### 運用夏威夷療法清除生命業力

　　利用十分鐘的時間，想想自己的情況，找出一件現在很想解決的問題，問自己到底是什麼事情引起潛意識發生此問題？再想想公司，同樣問自己，是什麼原因導致潛意識產生這個問題？然後，運用夏威夷療法「Ho'oponopono荷歐波諾波諾」，對潛意識說：「對不起、請原諒我、我愛你、謝謝你」四句話。請每天持續練習，並將每天的情緒與心得記錄下來。

- 先將眼睛閉上，讓自己靜下來，調整自己的呼吸，連續做三次深呼吸。
- 向內心詢問：「到底是我潛意識中的哪些資訊，導致問題：_____發生？」
- 並說：「我將造成_____問題的這個資訊完全刪除。」
- 心中默念或唸出來夏威夷療法四句話：「對不起、請原諒我、謝謝你、我愛你。」
- 十分鐘後，感受自己內在的情緒有什麼變化。
- 將自己每天的情緒與心得記錄下來。

# 啟動你的夢想加速器

　　在電視新聞中，經常看到許多經濟困難的家庭，在受到社會愛心團體的援助後，他們臉上所流露出的感激，那是無比的溫馨，令人為之動容；但你也能從中發現，有些家庭即便獲得幫忙，感受到他人給予的溫暖，臉上也沒有太多喜悅，因為他們可能會想到這個援助只是暫時的，未來的人生還有好多苦難要走，所以一點也開心不起來。

　　的確，一次的雪中送炭無法為他們的內心帶來長久平靜、快樂，更別說經濟獲得改善，那這群經濟困難的家庭，到底該如何看待這個社會呢？態度該如何轉為正向，讓外在環境感受到他們想轉變的能量呢？

## 尋找生命的喜悅，同時成為讓人喜悅的人

　　電影《一路玩到掛》由兩位影帝傑克・尼克森（Jack Nicholson）和摩根・費里曼（Morgan Freeman）主演，分別飾演企業家及修車技工，兩人在年老時，發現自己罹患癌症，住進同一間病房當中。

　　兩人一致認同他們接下來該面對的並非一成不變的生活，應該在人生的最後找尋自己的夢想；所以，他們各自思考，想著有生之年還有哪些夢想要實現，然後一起去完成。

　　故事中，兩人一同前往金字塔，並在金字塔上探討兩個問題：

「你曾在生命中感受到喜悅嗎？」、「有人因為你而感到喜悅嗎？」這兩個問題，讀者們不妨也試著思考看看。

年經的時候，我們總會懷抱著許多的夢想，規劃自己想要的人生和生活，但二十、三十、四十歲，日子一天天的過去，才突然驚覺自己原先設想的人生計畫，還有好多事情沒有做、沒有實現，這時很多人會開始自我安慰，因為人生計畫被現實情況所限制，以致無法朝夢想或目標前進。

例如，每個人都會面對的人生、兒女問題，及工作與生活平衡的問題，我們的一生有太多時間是為了別人而活，當有了家庭之後，就要為孩子而活；當父母年老之時，又為了扶養他們而活……等等諸如此類的事情圍繞著我們，因而無法保持積極樂觀的人生態度。

但只要我們越悲傷，情緒越是低落，就會吸引到更多負面力量，財富便難以靠近。所以，我們有時候可以適時地多愛自己一些，思考該為自己的人生做什麼改變，也避免像電影一樣，等到年老病痛時，才開始思考夢想清單。

美國軟體工程師麥特‧卡茲（Matt Cutts）在TED（Technology, Entertainment, Design，簡稱TED）分享「三十天挑戰」，他認為三十天的目標挑戰，能讓人清楚看見自己的成就，因為每天都有一件事情要完成，挑戰者會為了確保今天的任務有被達成，而對自己生活的感知與記憶相對深刻，也更有機會看見自己的成就，自信心也將跟著提升。

麥特‧卡茲這個想法雖然簡單，相信讀者們也聽過很多人提出類似的想法，可是要如何付諸行動，又是另一個問題了。但這個概念，讓我們可以輕鬆訂定目標並加以實踐，將你的目標階段化，把該做的

事情平均分配於三十天內執行，每天只要完成一小部分就好。

他本人親自執行過，證明三十天剛好是一段最合適的時間，能讓我們養成一個新習慣或改掉既有的習慣，不論是騎腳踏車上班、寫作、斜槓創業，甚至是減少看電視的時間等，有任何想做的事情就立刻嘗試，當你行動過後，再與平時匆匆流逝或被遺忘的時候相比，你會發現這三十天彌足珍貴，且富有意義。

每個人心中都有很多事情想完成，但總會被諸多的牽絆影響，讓我們在未踏出第一步前就過度謹慎，以致擔心恐懼，任何原因都能變成阻擋我們向前邁進的藉口，最後選擇打退堂鼓；所以，當我們看著其他人順利完成心中想追求的目標時，就會打從心底羨慕他們。

且隨著年紀的增長，你就更難去追尋、嘗試新的事物，很多事情就像旅行一樣，當你做出決定並跨出第一步的時候，其實就完成了，最困難的往往是開始。

在NLP的框架訓練中，有個基本的前提假設：重複舊的做法，只會得到舊結果，唯有做法不同，結果才會產生不同，任何創新思維的做法，都會比舊有的做法，多一分成功的機會。

所以，NLP強調先改變自己，別人才有可能改變，改變是所有進步的開始，有時候我們必須把舊的想法放下，才能看到突破的可能性，倘若放不下自己目前的狀態，一直專注於問題本身，便看不到其他的資源與機會。

因此，如果我們覺得現在這樣做的事情沒有結果，記得改變我們的做法，新的方法不管好壞，都比舊的多了一分成功機會，希望明天比昨天更好，希望明年比今年有更富裕的生活；若不想改變，我們可能會覺得壓力越來越大，面臨生活與前途上的威脅，因此，唯有不斷

改變做法，才能與各方各面保持理想的關係。

##  從優勢找到賺錢的利基

記得有一次，在輔導完一間企業，趕忙前往下一場輔導的路上，看見一位單親媽媽揹著年幼的孩子賣烤地瓜，攤車上還插著創世基金會的旗子。

創世基金會為幫助單親家庭獨力生活，透過輔導與資源的提供，讓單親父母能有一技之長，藉由賣地瓜或其他技能賺錢，撐起家庭開支。筆者還記得當時看到包裝袋上寫著：「給魚給竿，拉人一把。」便也循著包裝袋上的精神，買了一份地瓜。

不過，若想真正拉人一把，可能還要更進一步的輔導，單親媽媽要想辦法從賣地瓜中找出差異化，思考該如何建立起自己的優勢和利基，讓客人有高度購買自家地瓜的意願；此優勢可能是地緣位置、服務優勢、銷售策略，又或者是地瓜的品質、大小、口味特色等，與別家有所不同。

從自己擁有的資源上去盤點、思考，與競爭對手的商品多比較，便能找出優勢，找到能讓你賺大錢的利基，這樣才能將烤地瓜賣得更長遠；人們會基於愛心與同情而願意幫助你，但如果他們所付出的愛心和同情，無法獲得相對的品質或價值，那熱情就會冷卻、削減，他們會更理性地看待這交易值不值得。

▲ 創世基金會單親媽媽賣地瓜。

因為社會競爭、環境變遷，在經濟與工作的雙重壓力下，讓人時常為了明日的生活擔憂，如果家庭又有長輩、嗷嗷待哺的小孩要扶養，對於負責家庭經濟開銷的人來說，更是無比沉重的壓力；倘若家中長輩或孩子又有身體上的病痛，那病人又會表現出負面情緒，使經濟支柱產生更多沮喪、焦慮、憤怒。

　　而這種情緒如果無法獲得釋放，將會滯留於體內，科學家也研究證實，這些負面情緒會降低免疫系統的功能，導致身體被病毒侵入或是細胞產生病變；且壓力可能也會變成引發問題的源頭，當一個人面對生活與經濟壓力時，內心的夢想可能將擱置於一旁，待煎熬都過去後，人也年歲半百，更遑論人生夢想呢？

　　為突破人生問題的惡性循環，期望藉由本書的觀念與做法，帶動讀者一起翻轉人生課題，運用實證經驗與研究成果，進行有系統、目標和步驟性地輔導與培訓規劃，提供想改變的人備有加速夢想達成的方法與工具。

　　要確實擺脫沮喪、焦慮、憤努與壓力這些負面情緒，最好的方式便是建立起夢想加速器，重新找到夢想，面對負面情緒時能夠釋放，以建立起正面情緒與內在信念，替自己吸引更多創造財富的機會。

　　只有我們掌握釣魚的方法與心態，才能成為不必擔心金錢、生活的財務自主者，妥善照顧好家庭、父母、小孩；我們也才有餘力幫助更多的人走向幸福，達到共同創富的願景，整個社會因我們的改變而改變。

精華 *Review*

🏷 放輕鬆才能創富，若在徹底放鬆的狀態下，將夢想如暗示般的唱誦出來，將比理性活躍運作的日常時間易於傳達至大腦，能更強而有力地被傳送至潛意識中，未來夢想得以實現。

🏷 只要改變習慣，任何人都能充滿自信。所以，請養成自己充滿自信的好習慣，而養成習慣最簡單的做法，就是每天想一件值得被稱讚的事蹟，如果無法每天想到一點，也可以事先寫下三十項被稱讚事蹟，再每天閱讀一項事蹟。

🏷 創造財富的方法，不在於外顯的賺錢工具、管道；反而是一般人不會特別注意的內在狀況。確認內在潛意識的正常值，也就是財富信念，如果潛意識認為我們不值得擁有財富，那即使發了一筆橫財，這個錢還是很快就會花完，又回到原點，守不住財富。

🏷 大多數的人只知道追求外在，但內在其實才是外在的起因，最終能否創造出自己心中所想的外在狀況，完全取決於愛、喜悅、平靜等內在狀態。

🏷 如果內在是外在財富的起因，那我們只要找到內在創富的元素，然後再運用外在創富的方法，便可以替自己創造長久的財富。

🏷 吸引力法則無法發揮，是因為受困情緒會藉由潛意識從中阻撓，即便我們可能很努力地想保持正面，將自己的心態調整至最正面的情緒，但受困情緒仍會悄悄背叛我們，不斷對宇宙發出負面的思想頻

率。而只要受困情緒越多，潛意識所發送出來的負面能量就越大，我們自然越難吸引到自己想要的事物。

🏷 想要創富，第一步便是內在先創富，內在的富足、成功，能發揮潛意識作用力及業力清除力，而業力清除力，推薦使用夏威夷療法「Ho'oponopono荷歐波諾波諾」四句話：「對不起、請原諒我、謝謝你、我愛你。」

🏷 先將自己的目標藍圖畫出來，然後觀想目標被實現的場景，在大腦創造一個實現的體驗，藉由回想潛意識中的訊息，讓潛意識協助我們想出達成目標的方法與靈感、直覺。

🏷 長久且成功的創造財富＝富足的心靈內在×外在賺錢的工具

🏷 要擺脫沮喪、焦慮、憤怒與壓力這些負面情緒，最好的方式就是建立夢想加速器，重新找到夢想，面對且釋放負面的情緒，建立正面情緒與內在信念，替自己吸引更多創富的機會

Chapter

2

# 內在創富，
# 提升自我成長力

# 身心靈如何影響你的外在財富？

　　愛因斯坦提出相對論方程式「$E = mc^2$」，表明能量與物質在本質上是息息相關的，兩者基本上沒有分別，彼此可以互換，因為細胞是由分子構成，分子由原子構成，原子又由粒子構成，最後粒子則是由能量聚集而成；量子物理學家在研究時發現，觀測者在觀察（測量）這些微小粒子時的動作，會影響到粒子的行為。

　　學者把這稱為「波函數坍陷（collapse of wave function）」或「觀察者效應（observer effect）」，當觀察者在尋找、觀察粒子時，將會改變整個震動的方式，間接證明心靈與物質兩者是相關的，也就是主觀心態會造成客觀的物質世界變化；所以，當我們刻意引導思想能量的時候，我們可以影響另一個人。舉例，有時候我們和朋友談論事情，朋友恰好說出我們腦中正在想的事情；或是對方打電話來時，就直覺的認為是誰打來。

　　2002年，美國威斯康辛大學針對冥想者進行實驗，二十二位冥想者產生「干擾圖案衰減」，顯示光子在「知道被監視」的情況下，會自動從平行的干擾圖案坍縮成雙縫或單縫圖案。這實驗印證了這個假設，證實心念會造成客觀的物質世界產生變化，證明心靈與物質兩者是相關的。

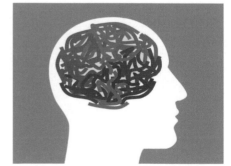

▲ 意念有能量，會產生共振頻率。

## 心靈與意識會超越時間與空間的限制，讓能量聚合成實體物質

物質分解到最後，亦會消失不存在，僅以能量的形式表現於宇宙之中，然後能量會再回應我們的專注力，變成實體的物質回到我們周遭；所以，如果我們能時常想著自己的願望、心念，那現實將開始運作這個專注力，將我們心中所想的願望、心念展現出來。

換句話說……宇宙始終在等待一個有意識的心念誕生，用心靈與意識將能量聚合成實體物質，這也是為什麼筆者一直強調，想法其實才是影響自己人生的關鍵。更進一步來說，心靈的波動狀態會有意識或無意識地改變能量特徵，只要我們提升觀察力，便能有意識地影響心靈深處，我們也將成為理想中的自己。

另還有量子研究發現，若兩個粒子可以用某種方式進行連結，它們將會一直連繫在一起，同時超過時空的限制，稱為量子纏結效應（Quantum entanglement，亦稱量子糾纏），只要對其中一粒子產生作用，將會同時作用在另一個粒子上，即使彼此在空間上是分離或相隔遙遠的，仍會相互作用。

且，人類也是由粒子所構成，這意味著我們也間接地與他人互相連結，超越時空的限制，所以若我們在他人身上加諸一些事情，之後也會加諸於自己身上。

上述這跨越時空的研究，最有名的就是以色列的倫納德·萊博維奇（Leonard Leibovici）教授[註]的研究，他於2000年7月進行實驗，從以色列拉賓大學醫院的患者病歷中，挑選出3,393名血液感染、且於

[註]：倫納德·萊博維奇是以色列的一名醫學教授，他曾任職於英國醫學雜誌的編輯委員會，在國際權威性期刊上發表了兩百多份研究論文，於當代醫學界具一定的領導地位。

1990至1996年間入院治療的確診病例，將這些患者的名單送至美國北卡羅萊納州卡里市的賽斯科技公司，並輸入資料庫內，隨機區分為基礎分布（性別／年齡／感染原因／發病時間）大致相同的實驗組及對照組，而實驗組被製作成留名不留姓的名單，交由卡里市區周邊的基督教會為他們祈禱。

這是個雙盲實驗，病患不知道自己在入院治療後隔了四到十年，會有一群人為自己祈禱；而這些幫忙祝禱的人，也不知道這些病患遠在地球的另一邊，且早就已經痊癒（或病故）了。萊博維奇教授進行這項實驗的動機，來自另外兩份代禱研究報告，該報告針對加護病房內的心血管疾病重症者進行遠距離代禱，病患和代禱者都互不知情，而實驗結果為有被代禱的患者治癒效果提高57％，證實遠距離代禱確實有效。

因此教授想深入實證，若代禱可以跨越空間，那是否可以跨越時間？因而設計出這項實驗，實驗結果證明，代禱在降低死亡率、縮短住院天數有顯著的影響，並可不受空間和時間的限制，教授特別在研究報告中提到：「遠程、追溯代禱確實可以改善患者的病情。」

一般人總認為信仰和科學背道而馳，科學無法解釋信仰，信仰亦無法被科學驗證，但其實是可以被驗證的，且類似這種將心念具體、實踐化的案例也不斷增加當中；量子力學也證實，思想、意念會超越時間與空間的限制。

## 正面情緒及明確目的，將製造出預期效果

英國生物化學家格蘭·瑞恩（Glen Rein）博士在研究DNA量子

場時，發現人體若產生愛與讚美的正面情緒，並在腦中產生一些想法，會使DNA中的光子含量增多；但如果只有個念想，並沒有將注意力集中，就不會產生任何改變。

換句話說，必須要同時懷有正面情緒及明確的目的，才能製造出預期的效果。所以，當我們結合富有、健康、喜悅的情緒、開放的心和有意識的意念，把這些都存放於量子場中，我們將進入一個新的時間軸、新的現實之中，量子場會以意想不到的方式回應，我們周遭將會有特殊事件發生。

科學的有效性仰賴於可重複測試的數據。關於每個人內在的能量層級的測試數據，美國著名心理學家暨精神科醫師大衛‧霍金斯博士（David R. Hawkins）與諾貝爾獲獎者萊納斯‧鮑林（Linus Carl Pauling）合作，運用人體運動學的基本原理（臂力肌力測試），結合精密儀器進行長達三十年的臨床實驗，累積上百萬筆數據資料，發現人類的能量指數，全都是一致且可重複的。

霍金斯博士又運用現代科學的研究方法，研究出一能量圖表，將人類的能量指數以1至1,000的頻率標準值進行劃分，共劃分出十七個等級，請參考下方表格。

| 能量值 | 宇宙觀點 | 生命觀點 | 象徵 |
|---|---|---|---|
| 20 | 鄙視的 | 悲慘的 | 羞愧 |
| 30 | 懷恨的 | 邪惡 | 內疚 |
| 50 | 責難的 | 無希望的 | 冷漠 |
| 75 | 輕蔑的 | 悲劇的 | 憂傷 |
| 100 | 苛刻的 | 抗爭的 | 恐懼 |
| 125 | 戒絕的 | 失望的 | 慾望 |

| 150 | 復仇的 | 反對的 | 憤怒 |
|---|---|---|---|
| 175 | 平庸的 | 需要的 | 驕傲 |
| ------- 數值 200 是正負能量的分界點 ------- | | | |
| 200 | 容許的 | 可行的 | 勇氣 |
| 250 | 授予權力的 | 滿足的 | 淡定 |
| 310 | 激勵人心 | 有希望的 | 主動 |
| 350 | 慈悲 | 和諧的 | 寬容 |
| 400 | 智慧 | 有意義的 | 理智 |
| 500 | 充滿生氣 | 仁慈 | 愛 |
| 540 | 唯一 | 完整 | 喜悅 |
| 600 | 全人類 | 完美 | 平和 |
| 700 ～ 1,000 | 本我 | 是 | 開悟 |

　　心靈能量200是一個人正負能量的分界點，簡言之，意識能量若高於200，就代表你是正能量的人，低於200則是負能量者；而能量指數200也是勇氣的振動頻率，從這層進入光的正面能量。

　　霍金斯博士也發現，當你的振動頻率低於200時，將削弱自己的身體健康，200以上、一直至1,000的頻率，則會使身體能量逐步增強。而能顯著影響和決定能量的因素，是這個人的社會動機和心靈境界，並非一般大眾所認為的文化程度、學歷、閱歷、權力、財富、地位等。

　　霍金斯博士也提出，能量指數達到250以上，是有意義、順遂生活的開端，因為這是一個人出現自信的能量層級；在一個組織中，高意識層級的人越多，組織本身的能量層級也就越高，因此，想要成功的秘密關鍵，便在於整體能量層級的高低。

其中，500的能量是無條件的愛、永恆的愛，這種愛不會因為其他因素產生動搖，它不來自外界因素，而是發自內心，不分好壞、始終如一，這種愛是讓人成長的無限動力，霍金斯博士也說，「愛」是維持這個世界的最高能量，這個愛是發自心靈的。

無條件的愛，總聚焦在生活美好的那一面上，並且增大生命積極的經驗，是一個真正幸福的能量等級。他也更進一步對癌細胞進行研究，發現如果是因為精神層面而引發的癌細胞病變，那就可以藉由調整精神狀態來治療，癌症患者只要改變心態，癌細胞就會因此被抑制，甚至是消失，因為癌細胞最怕「愛」。

上述研究結果，向我們傳達了一個真理，即萬物皆源自於心，且這個心並非單指表意識的心，而是心中有愛的靈性之心。在愛中行事就能成功，所有問題都在自己身上，與別人不相干；外面的一切人事物皆無問題，問題全源於自己的心念，但凡你的念頭不清淨，外在環境便不清淨，外界事物全是自身潛意識記憶之投影，唯有清除自己的記憶，才能改變外界的事物。

科學家已透過研究證實，物質原為意念的波動現象，即說明物質因念頭所產生，一切從心萌生，若意念好，身心決定健康；幫助別人即幫助自己，成就別人即成就自己。因此，心念便是現在量子力學所提的「以心控物」，我們心中的想法與感受，將影響我們周遭產生出的結果。

我們若想要改變財富狀態，就要去創造出擁有財富的新心境，用新的心靈來觀察新結果，一旦我們的行動、想法，跟量子場是同樣的震波，那財富就會找上我們。所以，創富成功的關鍵便在於提高自己的能量，只要能量提高了，金錢、健康、幸福就會被你吸引過來。

　　但如果我們的意念與情緒一直沒能產生相符的結果，那可能就是我們所散發的震波不同調，比如我們希望擁有財富，可是心中的感受卻是貧窮的，那我們就無法將錢吸引過來，唯有心靈與情緒合作無間，發送出去的訊號才會有所回應。

　　我們現在可能沒錢，但只要先在心中創造出「已經獲得財富」的感覺，並對產生的這一切表示感謝、心存感激，「已經獲得財富」這心念的震波會傳到量子場，等量子場接收到之後，便會將你所想的結果創造出來，並實際回饋予你，你就真的變有錢了，真棒！

## 潛意識的負能量能輕易打敗正面的意志力

　　很多人總認為改變要先從外在做起，比如我身上沒那麼多經濟壓力，我的手頭就可以變得更寬裕，那內心便會平靜、開心；但其實這是錯誤的觀念，我們的想法仍在根本上受到限制。

　　前面已經提到，一昧地想藉由外在來創富是沒有用的，就算創富了，那也只是短暫的財富，所以我們要打破原先的認知，更打破舊有的記憶與習性，克服過去舊有的窠臼，改變內在心態，處理不易被更動的潛意識。

　　當我們有過帶情緒糾葛的經驗，心中便會對那個經驗產生特定的想法，然後將這想法變為記憶。倘若你又一直反覆想著那段記憶，日子一久，你的大腦就會不自覺地對這段記憶衍生出情緒，之後變成啟動潛意識的程式碼，一旦出現這種狀況，意味著你的內心將由身體主導，潛意識已默默把你的表意識壓制下來，即使你現在想改變念頭，也無法戰勝它，因為這段經驗及一再重演的痛苦與記憶，已將你制約

住，悄悄主宰了你，成為一種慣性狀態。

所以，內疚、悲傷、焦慮、恐懼、病痛⋯⋯等，會戰勝你的意志力，使你無法理性思考、展現出負面情緒，與心念產生不同的震波，身心無法同步。

你可以試著思考看看，一個人在沒有財富的情況下，究竟是沉浸在負面的感受多，還是正面的感受多？我想答案很清楚，多年來我們總容易被自己的負面情緒綁架，以致我們會自然而然地被負面思想拉著鼻子走。

因此，只靠正面思考的話，你永遠都不會達成目的，據調查，許多正面思考的人心中，其實都有揮之不去的負面記憶及感受，即便他思想正面，大多還是活在過去的模式，會不由自主地抗拒不可知的未來，因為身體已經習慣我們過去的經驗，又因為習慣而越來越依賴這些情緒。所以，當我們想放眼未來，腦中皆是創造財富的憧憬時，身體只會對情感買單，將我們這念想消除。

## 改變信念的關鍵在潛意識

很多人都無法發揮自己的能力，讓人生朝向自己期望的方式運轉，其實大多是被受困情緒牽絆住了，可能過去發生某件事影響到心靈，而自己卻沒有意識到，任由受困情緒恣意破壞我們的努力。

有句話說：「時間久了，傷口自然會痊癒。」殊不知其實並沒有，我們可能以為自己早已放下之前的痛苦、傷心、怨恨等，更有人因為過於在意，而去尋求心理治療，但即便情緒獲得紓解，我們的身體仍會被過往負面情緒產生的負能量佔據，而這負能量便是阻礙我們

實現夢想的關鍵。

　　若想從潛意識獲取答案，有個非常簡單的方法，那就是暢銷書《情緒密碼》作者布萊利・尼爾森（Bradley Nelson）所提倡的「搖擺測試」，只要幾個簡單步驟就能得知答案。

- 🌀 雙腳打開，與肩同寬，讓身體自然平衡。
- 🌀 雙手自然垂放在身體兩側，身體靜止不動。
- 🌀 閉上眼睛，身體完全放鬆，讓腦波很自然地進入α波狀態。
- 🌀 在內心說出真實名字：「我叫×××。」
- 🌀 感覺身體往前傾。
- 🌀 在內心說出錯誤名字：「我叫周杰倫（或林志玲）。」
- 🌀 感覺身體往後傾。

　　搖擺測試是當我們說出正面或真實的疑問句時，身體會在不到五秒的時間明顯往前傾；如果我們說的是負面或不真實的疑問句，身體則會往後傾。

　　台灣第一位情緒密碼治療師陳威廷先生，恰好正是《情緒密碼》的譯者，他點出我們在做搖擺測試時，要將「注意力」放在要測試的那個「問題」上，如果搖擺測試不明顯，可喝點水，並用磁鐵劃過自己的督脈，告訴潛意識，請身體給自己一個明確的答案，然後在心中告訴自己：「我做得到。」只要靜下

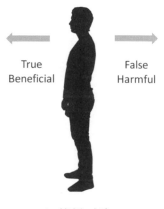

True
Beneficial

False
Harmful

▲ 搖擺測試。

心再做一遍，問題通常都可以解決，平時也可反覆練習，反應的時間會越來越短。

每個人的核心信念創造了他對於事物的感知，從而影響人的各個面向：自信、人際關係、成功、工作表現、心理健康、身體健康與靈性觀念。如果你的信念不值得擁有財富，那即使吸引到財富，你也不能妥善管理，所以，我們會因為不同的信念和行為模式，走上不同的人生道路；若不如預期，便是因為表意識與潛意識的信念是不同的。

當然，最終都會是潛意識完勝，因此，當信念被儲存於潛意識中，要曉得改變潛意識信念的步驟，首先要能運用NLP技術，不帶有偏見地傾聽當事人的內心想法，釐清他心中的渴望與限制性的信念，也就是當我們傾聽當事人想法時，要懂得施以親和感，配合當事人的聲調與肢體。

NLP所謂的親和感，是兩大重點：呼應與導引。呼應是呼應什麼呢？分成兩部分，一是對方的肢體動作，也就是對方做什麼動作，我們便模仿對方的動作；另外一種呼應則是口語上的契合，比如對方的心情雀躍，那我們也和對方一樣，展現雀躍的心情，倘若對方心情低落，我們也要將心靜下來，配合對方。

我們在NLP訓練上，對呼應有句經典的四格言：「眼前可見的現況、無可否認的事實、承接對方的心情、重複對方的字句。」眼前當事人所說、所做，都是我們要關注的；無法否認的事實則是指對方在意的事情，我們有沒有掌握；承接對方的心情，告訴對方我與您同在，一同感受他的心情；重複對方的字句，表達出我們相當重視、且很認真地聽對方的想法，感受被認同、被接受。

其次，重新編寫的內容要正面，不能用負面詞句來表述，我們要

以正向的來表達，不能說我不想或是不要什麼，要確實表達出自己想要什麼……這類正向的意圖。

　　再者，要改變信念，要先獲得當事人的超意識同意，讓信念寫入潛意識是安全而且適當的。然後設定明確具體的目標，該目標不能模糊，並對這個目標的達成具有企圖心，最後將目標與潛意識建立起溝通，包含祈禱及肌肉測試，而且越重視祈禱的想法，所產生的效果就越大。

## 運用NLP做好溝通，遠離負面情緒

　　即使我們改變過去的負面情緒與核心信念，但我們仍然在這個競爭、複雜的環境生活，每天都會遇到不同的人事物，尤其處理人的問題，想必也是比處理事物更為困難。常說人是最難搞的動物，但也是因為難搞，所以當與人相處時，要改變別人態度、想法很困難，這時候能改變的，唯有自己的溝通方式，不僅與他人溝通，與自己內心溝通也很重要。

　　若要探討最適合的溝通工具，我認為最好用的就是NLP（Neuro-Linguistic Programming，神經程式語言學）。它將成功人士的語言及思維模式，藉由語言程式的邏輯將內容進行解碼，形成一套可複製、模仿的系統，有效應用我們的意識與潛意識；所以，NLP又被稱為「大腦的操作手冊」。

　　先來拆解一下字面意思，Neuro指的

是神經，既然談到神經，就會包含我們的感官：聽、嗅、看、觸；Linguistic是指語言，將感官透過語言來溝通；至於Programming，則是程式化，將感官經由人腦進行程式化，透過語言傳遞給對方。

例如，老闆跟你說：「要加油！」但如果你過去與老闆溝通的過程都不是很順暢，大腦就會釋放出「你做不好、很沒用」的訊息，覺得自己是個沒用的人。因此，你可以透過NLP來改寫你的大腦意識，將「要加油」視為老闆對你的期望，甚至轉變為「我會好好努力」的自我期許，有了這種信念後，就能更積極地思考、行動，將自己調整得更好。

對NLP有興趣的讀者，可以掃描QR Code，將可免費體驗NLP線上群組課程，更有效掌握NLP技巧，提升自己與他人的內在層次。

## 單 元 練 習

### 放鬆感恩冥想

- 以放鬆的姿勢伸直腰椎,輕收下巴並閉起雙眼,眼球稍微往上,感受一下頭頂是否有被打開的感覺。

- 將注意力放在呼吸,如果坐在椅子上,兩腳請打開與肩同寬。

- 吸氣,你吸得比較快或慢都沒有關係,但請將這口氣停留在胸腔約四至五秒,讓身體細胞確實吸收到氧氣。

- 接著請吐氣,吸氣時間請拉到四到五秒,藉由吐氣將體內不好的毒素排掉。

- 再重複一次剛剛吸氣的動作,同時觀想自己的頭頂,然後開始放鬆、額頭、鼻子、嘴巴放鬆,喉嚨、肩膀、胸腔放鬆,背部、肚子放鬆,手臂、屁股、大腿、小腿也放鬆,最後腳與腳趾頭也一起放鬆,從頭到腳都放鬆。

- 將注意力帶回頭頂,謝謝頭頂,想像頭頂上方出現白光,照進我們的頭頂,感謝腦袋幫我們這麼多忙,我愛你,謝謝你。接著謝謝鼻子,光同時也進來,我愛你、謝謝你,依序感謝剛剛放鬆的各個部位及器官,讓全身充滿著光與愛。

- 都感謝完後,在心中默數五秒,一、二……五,慢慢將眼睛張開,這時你會感覺身體更健康,渾身充滿自信和活力。

# 情緒影響我們創造財富

在日常生活中，我們可能會因為雙方的立場不同，與人產生一些摩擦，發生不愉快的事情，造成自身情緒受到影響，感到受挫、憤怒，日後回想起來，又會因為負面情緒湧上心頭，造成第二次不愉快；這情緒已不知不覺進入潛意識中，形成另一種壓力，甚至是身體病痛的來源。

所以，為了避免這種不愉快的狀況對我們產生影響，我們要盡可能在發生當下，便立即處理，用好的方式去緩和雙方的態度，使彼此的互動能營造出平順的情緒，而前文提到的NLP，就是最佳選擇。

在NLP中，我們時常應用到「三位覺知人稱」的力量，所謂的三位覺知是指我們能以不同的觀點，來看待現在的處境並且回憶，對於衝突事件，我們能從第一人稱、主觀自我的想法與感覺中抽離，切換到第三人稱，也就是從第三者、旁人的立場，以客觀的角度來看事情，進而提出自己的觀點。

最後，進入第二人稱，也就是對方的觀點、立場。首先，想像自己進入對方的身體之中，透過他的眼睛、耳朵和大腦，感覺到對方所能感受到的，透過對方的思維來進行思考，盡可能地表達出：我們若是他，心中會有何種想法。

當我們進行三位覺知人稱，面對自己激起的情緒，在轉變為第三者的立場時，能立即緩和我們升上來的壞情緒，當情緒和緩下來，我

們較容易切換到對方（第二人稱）的立場，用更全面的角度思考，確實解決問題、衝突。

　　跟大家分享筆者輔導過的個案，在此將諮詢人簡稱為甲。甲即將離開他服務多年的公司，自行開創新事業，在任職的最後一天，甲利用上午的空檔送中秋禮盒給客戶，並在客戶的極力邀約下共進午餐，以致耽誤了一點時間，但沒想到甲的主管傳簡訊來，要求甲跟公司請假，因為過了午休時間還未回到辦公室。

　　甲看到簡訊後，心中就有一把火油然升起，相當氣憤，認為自己過去為公司賣命這麼多年，熬夜加班拚死拚活，沒想到上班最後一天客戶請他吃飯，還要被主管無理刁難，而這股憤怒又無法在客戶面前表現出來，以致他的身體產生反應，胃部絞痛起來。那這時該如何用NLP的三位覺知人稱來改善當下的情況呢？

　　首先，甲轉換到第三人稱觀點，將自己從原本的情緒中抽離，他漸漸覺得自己原先激動的情緒緩和下來，胃部疼痛的程度也明顯改善，想法也轉為客觀，認為最後一天上班就配合一下，於是向主管回報還在與客戶用餐，主管也是針對事情，而非針對人。

　　接著，引導進入第二人稱，轉換至對方的立場思考，他了解到主管手上的行事曆有些行程沒有更正，誤以為下午還有客戶要到公司拜訪，所以午休結束後發現甲還沒回到公司，一時情急下就傳了情緒化的簡訊。

　　經過整個三位覺知人稱，甲更明白、理解整個事件及彼此的立場，也因為這樣，他放下對主管的不滿，重新拾起平靜的心，全觀性性地進行思考。

　　我們常說要換位思考，大家都知道這個的重要性，卻始終沒有

好的方法來進行引導，最後只能流於理論，沒有辦法在發生問題的當下解決問題；但透過NLP這種多重觀點的價值活動，就能讓理論轉換為具體的行動，我們除了從中獲取智慧外，最重要的是情緒也獲得釋放，這才是最務實的做法。

改變對事物的解讀方式，情緒就會轉變，例如做錯事情被別人責罵，如果你將被別人責罵這件事，解釋成「自己是沒用的人」，那我們就會加倍責備自己，正確的方式應該是針對被責罵這件事、這個行動，而不是人；只要我們改變對事物的解讀方式，就可以減少傷害自己或傷害別人的機會。

NLP觀點認為，人類的大腦一般來說，有六個思考邏輯層次，我們稱為「從屬等級」，當自己的思考邏輯層次與對方不同時，就可能有溝通不良的情形發生。最低的第一層次是環境，周遭的

▲ NLP從屬等級。

環境如工作環境，強調時間（When）與地點（Where）；第二層次是行為、做事情這動作，強調做什麼與說什麼（What）；第三層次是技巧，具備知識與專業的方法，告訴你該怎麼做（How）；第四層次則是信念與價值觀，也就是你對某事情深信不疑的看法，強調為什麼（Why）；第五層次是人格特質，如善良、正義感……等，強調自我認同（Who）；最高層次則是精神靈性層面。

當讚美的東西較低層次，如行動、環境之類，對方會將他自動提

升為第三至第五層次之間，所以讚美對方時，不論讚美哪個層次都很好，但最好先從低層次開始讚美，再逐步引導至價值觀、特質等較高的層次。責備時，則必須特別留意，明確讓對方知道，我們在意的其實是行為或環境，避免對方解讀為更高層次，誤以為在說「人」的問題，而非「事」的問題。

例如，一名同事預計要向主管報告一項新專案，花了很多時間準備，結果報告得不理想，反而被主管臭罵一頓，內心產生很大的挫折感，這時候就可以在旁引導他從「失敗的人」的狀態，轉變為「轉機的事」，針對事情給予建議，讓他了解到這個挫折並非失敗，只是需要多一點經驗，將此次失敗視為學習，那就能將挫敗昇華為轉機，鼓勵他正向思考問題。

而在職場更容易遇到事情，職場宛如一個小型社會，內部成員總會發生一些衝突，需要處理彼此間的情緒問題，這時我們如果能掌握NLP的另一個技巧「後設模式」，用提問的方式來進行溝通，便可以將當事人的訊息還原；只要把訊息釐清，問題就會自然而然浮現出來，對於改變當事人的情緒才有幫助。

筆者舉個實際案例，在輔導企業時，經常與員工、主管、老闆進行個別或團體溝通，有時在談話的過程中，會發生對方越講越憤慨的情況。例如員工說自己為了完成任務，每天加班忙得不可開交，但主管卻總針對其他事情挑毛病，毫不關心他們的工作狀況，更別說協助處理當下棘手、緊急的專案，員工覺得主管根本沒有能力領導他們……之類的。

面對這種情況，我們要先將情緒處理好，再處理問題，而處理情緒可分成三個步驟。

**釐清問題**

運用NLP後設模式，協助對方將憤怒轉為悲傷的技巧，探索當事人的內在狀況，巧妙地提問，如：「怎麼了？發生什麼事？你生氣嗎？什麼時候開始的？」當我們了解當事人的內在想法、期待、感受、觀點後，對他說：「其實你是在難過吧？覺得主管不僅沒有關心、肯定自己的工作表現，還否定你付出的努力……所以你是討厭主管嗎？還是討厭主管的這個行為？」接著讓對方自行思考到底是人的問題，還是事情本身？

 **結果預測**

讓當事人明白不改變將會帶來什麼後果，進一步引導員工以負責任的態度來回答問題。像當時或後續有與主管討論這個問題嗎？過程中可以做些什麼？然後再以二元論來分析員工的問題：你因為工作太多，忙不過來而感到煩躁，但這與主管討論事情，影響你工作有關嗎？你希望主管欣賞你還是討厭你呢？如果希望主管欣賞你，你覺得自己可以做些什麼，是否能改變現狀？

如果想釐清問題在誰身上，就要先停止想「可惡的他，可憐的我」的戲碼，反過來想想自己還能做什麼，從改變自己開始。

 **思考替代方案**

先引導當事人找到可以怎麼做的替代方案，只有讓當事人洞察問題，產生自己想要改變的念頭，才能找到真正可行的解決方案，而這也是筆者這類顧問在輔導企業時，進行員工諮商的責任。

再來，處理問題上我們從工作流程、業務內容及主管的領導模式

來看問題，這雖然屬於組織管理與作業管理的範疇，但過程中仍需要與主管溝通，釐清雙方不同的立場。人與人的相處上，與其強調自我意識，不如認同對方的存在，滿足對方希望被認同的欲望，這才是建構良好人際關係的意義。

根據潛意識權威約瑟夫・墨菲（Joseph Murphy）博士的說法，每個人的心都透過人類的集體潛意識互相連結，因此，你對待他人態度的好壞，都會像迴力鏢一樣，又回到自己身上。

所以，對於問題，要能真正去探索當事人內在，找出對方的執行動能才是關鍵。

 ## 運用夏威夷療法

憤怒與悲傷源於同一種情緒，兩者之間可以輕易互換，當我們將憤怒與悲傷兩者簡化同等看待時，就能領悟到其中的愛，或渴望被愛的心情。而你可以運用夏威夷療法「Ho'oponopono荷歐波諾波諾」來清理自己的情緒，由於問題都是因為潛意識不斷重播過往的記憶所形成，所以你會憤怒、悲傷，也是因為潛意識引起；因此，只要你不斷複誦或在心中想「對不起、請原諒我、謝謝你、我愛你」這四句話，就能清除潛意識裡的資訊（業力），釋放那些負能量，回到平靜的狀態，問題就會自然消除。

最後，想跟讀者們聊聊筆者周遭的人使用夏威夷療法的狀況。有次父親住院治療肺炎與氣喘，筆者特意請了一名看護趙小姐協助，以免自己一個大男人照顧不周，這位趙小姐跟我聊到，她的閨蜜A認識了一名男士B，A不斷將錢花在B身上，但B卻一事無成，A非常懊惱自己

陷入這情感的深淵而無法自拔。於是我建議趙小姐，請A重複說出：「對不起、請原諒我、謝謝你、我愛你」這四句話，來清除自己潛意識裡對B的雜訊。

　　過了好一陣子，趙小姐告訴我，自從A在心中不斷默念這四句話之後，B的個性開始轉變，更積極地工作，並用心經營這段緣份，A感覺到無比的平靜與感激。人處在當下，常常會以為自己看到、想到的才是最真實的，殊不知我們其實無法決定能否改變自己，因為過往的結果不好，內心才不願意改變，不想讓自己又被欺騙。

　　若事情始終沒有按照自己的意思發展，你就要思考，我們內心或許有個意念，想追求、得到財富或其他成功的狀態，雖然這個意念是我們的決定，但內在並不認同我們獲得這些，直到我們的夢想、希望落空，又帶給自己更多無望、無助的負面情緒，且這個情緒不是宇宙賦予的，而是我們傳達給自己的。

　　所以，當我們認為自己沒有能力改變事情發展或結果的時候，就交給神性的宇宙，替我們決定什麼東西該改變、什麼東西不該改變吧，放下那些該放下的，唯有我們願意回到沒有期待的時候，才會處於一個自由的狀態，真正感受到平靜與喜悅。

　　因此，請試著使用夏威夷療法「Ho'oponopono荷歐波諾波諾」，透過清理業力，將潛意識的負面資訊刪除，達到自己想要的結果。

## 單元練習

### 負面信念清理練習

　　此練習為清理內在負面信念的方法，想改變負面信念的方法其實有很多，例如快速改變信念的Psych-K技術、NLP，或是亞歷山大・洛伊德（Alexander Loyd）所提出的程式改寫敘述句技術，其中更特別引用《情緒密碼》作者尼爾森（Bradley Nelson）博士提出的受困情緒釋放辦法。《情緒密碼》譯者陳威廷治療師，也有針對「十大人生起飛問題」進行分析，協助我們釋放自己的負面信念，處理技巧如下：

🏷 真心愛自己嗎？

🏷 真心喜歡自己嗎？

🏷 真心覺得自己是有價值的嗎？

🏷 真心欣賞自己嗎？

🏷 真心接納自己嗎？

🏷 有辦法和自己相處嗎？

🏷 有辦法原諒自己嗎？

🏷 真心覺得自己值得被愛嗎？

🏷 真心覺得自己值得別人為我付出嗎？

🏷 可以給自己足夠的愛嗎？

　　請直接用搖擺測試來檢核以上十題問句，如果感覺自己的身體是往後傾倒，代表內心對於上述問題給予否定的答覆，這時我們可以再透過以下問句來找出根本原因，解決自己人生的問題。

「有什麼受困情緒造成我無法『真心的』喜歡自己？」

「我可以釋放什麼受困情緒來讓我『真心的』喜歡自己？」

你可以根據尼爾森博士所研究的受困情緒表，拿出磁鐵從自己的眉心處往頭頂刷到腦後督脈三次，透過重複釋放，改變這些潛意識的負面信念，一直到「我真心愛我自己嗎？」的測試結果為肯定為止。

詳細內容可以參考尼爾森博士的網站，或搜尋《情緒密碼》陳威廷治療癒師的官網，了解更詳細清理負面信念的方法。

🏷 尼爾森博士

www.drbradleynelson.com/

🏷 陳威廷治療師

https://ecbc.com.tw/2018/01/18/ec_howto/#what_is_life_take_off

當處理好負面信念之後，可以接著將正面信念寫入潛意識，建議讀者可以施作Psych K的核心信念平衡，將人生重要的核心信念全都進行校準，讓意識、潛意識與超意識三者整合為一。

形成統一的意識後，再繼續將直覺、意志、行動整合為一，意識將管理意志，潛意識將管理行動，超意識展現直覺。當你的意識與潛意識一致的時候，你的超意識會製造很多有意義的巧合，這也是以科學角度改變運氣的方法，相當關鍵。

# 成功激勵學的失敗率
# 竟高達97%！

　　亞歷山大・洛伊德（Alexander Loyd）博士曾在著作中提到，成功勵志產業的業內人士透露，該產業的成功率約為3％，所以許多公司都會試著從這3％中找尋見證者，請他們來描繪、行銷一台誰都能有效操作的成功機器。Psych-K技術的創辦人羅比・威廉斯（Rob Williams）認為激勵演講或培訓之類的活動，目的是帶來短暫且表面的自我激勵，他以自己為例，過去他也參加過許多激勵人心的成功大會，融入那躁動的狂熱風暴之中，跟著現場的人手舞足蹈、大喊大叫，既興奮又激動，但活動結束、演講者離開後，那股活力也跟著被帶走，他試著重拾那股滿腔熱血的感覺，也無法把它找回來，又回到原先那搖擺不定的狀態。

　　筆者曾在上課的時候，調查現場有上過潛能開發的學員，問他們之前上課時的那股熱情，想改變世界、普愛世人的心維持了多久？結果都大約兩個星期就回到原貌，更有學員分享上完課後，覺得自己與大家格格不入，感覺其他人的心智都沒有打開，所以那段時間的人際關係並不是很好，甚至會排斥與他人互動。

　　許多人上完成功激勵課後，在課程中相當活躍，整個人很興奮、想法很開明（Open Minded），但一段時間後再回想起來，卻覺得自己當時很愚蠢、幼稚，接觸完心靈課程，人生不但沒有好轉，反而與

家人、朋友越來越疏遠，帶來反效果，使自己越來越憂鬱。

## 激勵課程大多會跳脫現實社會

有上過激勵課程的讀者一定知道，此類課程常常會訂出行為規範要求學員完全配合，要當事人暫時放下心中所有的事，更放下理性的分析、評估與判斷，然後運用NLP視覺、聽覺心錨和米爾頓語言模式及NLP從屬等級……等技巧，要求學員的行為改變，以利後續課程確實達到效果。

這效果便是學員改變的結果，也就是改變NLP更高從屬等級層次的信念或價值觀、自我認同的定位，因而講師會要求當事人必須全心全意地投入至課程互動中，這樣才能改變更高層次的從屬等級。

假如有學員上課遲到了，講師會請所有遲到者站著，向大家解釋為什麼遲到？並當面做出守時的承諾，否則便會要求學員退出課程，當場將學費退還。

如果有人解釋說下班時間是六點，半小時內來不及趕到上課地點，若要準時抵達，就必須工作早退，不然無法準時。這時講師會用NLP親和感，呼應當事人的語言、語調，認為這個回答很好，引導當事人在從屬等級上的錯覺，那是什麼錯覺？講師會設法將行為提升至更高層次的從屬等級，例如信念、價值觀或自我定位，將當事人引導至產生行為，就代表不符合「承諾」，也就是價值觀、信念，或「我是有責任感、優秀的人」這自我認同的定位。

例如，借著這個話題帶到生活中也有很多兩難選擇，你的信念、態度，就代表你的一切行為……而這樣的方式，一般人很容易掉進

去，認為自己必須改掉這個行為，要想辦法準時上課，才能符合「承諾成為有責任感、優秀的人」這種定位，或是正確的價值觀與信念。

這是一種NLP常見的改變技術，且激勵課程講師的話術通常都有經過訓練，假如當事人覺得上述問題無法解決，未來還是會存在的時候，也就是並未全然被講師說服的時候，講師會回到NLP親和感，再次認同對方的想法，回道：「你是對的！」然後繼續用引導的方式提問：「你都認定自己做不到了，那還有誰能幫助你呢？」

這樣的溝通方式，在當時的場合、活動其實都帶有目的，對於激勵真正的意義，希望自己變得更好這件事來說，會產生許多邏輯上的誤會，反而不是很妥適。所以，激勵課程的講師常會運用許多NLP技術，但只要技術用錯方向，反倒可能會對當事人造成更多的困擾。

激勵課程常會運用一些小組遊戲來達到效果，例如分組競賽，一般來說，競賽結果有輸有贏才符合現實生活，但講師會用不同角度去解釋，將課程所提倡的觀點、想達到的目的，引申到現實生活中的相關現象，然後用話術說：「大部分的人都是你爭我奪，你是否也不停地在玩這種遊戲呢？可能是跟同事、下屬或伴侶，那你為什麼不選擇相信對方，先試著真誠地付出？」

所以，課程設計同樣將大家帶入NLP從屬等級，產生一種自己的所做所為，都不符合更高層次的信念、價值觀或自我認同的想法。課程設計的目的是要學習信任他人、真誠付出，這都很好，但不能代表這種行為就是不信任、不付出，這會使一些思辨能力弱的當事人，否定自己過往的行為，也讓當事人在離開教室，重新走入人群的時候會格格不入，過沒多久就又回到原來的面貌。

激勵課程同樣會有感性的課程設計，像分享自己的經驗就是一個

技巧，很多學員因為在課程一開始被定位為勇敢、冒險、真誠、愛大家，所以會爭先恐後舉手，積極地想和大家分享，以符合更高層次的從屬等級。

學員的踴躍分享會帶起一股效應，引發更多人願意敞開心防，開始反思自己從前的自私、冷漠、不擇手段，並願意承諾未來要真誠地付出，對事物投以關愛；這種上課方式確實會感染眾人，讓許多人感動得熱淚盈眶，但只要一離開教室、走回人群，心靈又會被周遭的環境所影響，被人部分人的自私、冷漠和不擇手段傷害，倘若沒有人在旁給予引導，協助當事人處理受傷的負面情緒，那即使上再多的激勵課程，也會再次把他打回原形。

為什麼會產生這樣的結果呢？因為這些課程設計的不好嗎？其實未必，這些潛能激發、激勵的課程，會先替學員創造一個安全的空間，而在此空間下的人，彼此的目的都是相同的，期望改變自己目前的狀態，所以課程中會設計很多洗滌心靈的環節，讓學員去體驗當下改變的狀態。

但這種改變都是下意識的改變，等回到現實社會，當時在這個安全空間的人會再次改變。假如我們回到一個殘酷、現實、自私自利的環境時，還是一樣掏心掏肺，只會讓自己的心更受傷，因為這個課程回饋給我們的是狀態提升，它所強調的是狀態；因此，只要我們沒有維持該狀態的能力，就又會被打回原形。

而NLP就是讓我們維持那種狀態的技術，使我們不再害怕，能與內在的自己溝通，處理負面情緒，讓我們看見目標實驗的方法與技術，使我們學會這項改變並維持自己狀態的技術，更認識自己與看見自己的潛能。

##  激勵課程大多只與表意識溝通

我們的心理活動其實一直受到兩股力量的作用，一是意識心，可稱為客觀心智，也就是我們所謂的表意識、潛意識，這是我們物質世界一切活動的總指揮；二是潛意識，可稱為主觀心智，這股內在力量會以恐懼、擔憂、病痛等各種不幸的狀態支配我們。有上過潛能激勵課程的人都知道，課程大部分都依循同一份基本教案，首先聚焦於自己想要的事物，藉由引發心中期望目標的動機，來貫穿課程軸心，然後擬定出可實現的計畫，再貫徹執行。

但這種過程中，期望往往會變成一種壓力，醫學一再證實，壓力是生活中出現各種問題的源頭；再者，意志力憑藉的是表意識的力量，我們總認為自己可以控制心念，但這通常只是錯覺，因為一般人能控制的，其實只有表意識的意念，潛意識的力量可比表意識強大一百萬倍，所以這是一場不公平的戰鬥，也就是說，強大的潛意識是無法控制的。

表意識與潛意識之間的戰爭，最具代表性的一部澳洲電影《鋼琴師》，影片主角從小被極度偏執、暴力的父親嚴厲管教，父親把自己對音樂那狂熱的信念，加諸到兒子身上，要求兒子成為自己心中的樣子，成為一位琴藝超群的鋼琴家，所幸主角也相當有音樂天分，嶄露音樂長才，滿足了父親內心對音樂成就的缺口。

主角接二連三地獲得到美國與英國進修的獎學金，但因為父親是猶太人，是當時納粹屠殺下的倖存者，倘若兒子過於引人注目，將遭受生命危險，因而讓父親強烈反對兒子出國，拒絕兒子到國外發展，更說出斷絕父子關係的傷害話語；但一心想改變的主角決定不顧一切地與父親決裂，自己到英國倫敦進修音樂，可是他的內心其實認為與

父親決裂是錯誤的信念。

在國際比賽的舞台上，他的表意識與潛意識開始交戰，表意識告訴他這是自己的夢想，但潛意識卻認為父親的話才是對的，只要成名，全家都會有生命危險，所以絕不能成名。就在兩意識激烈交戰的過程中，主角完成拉赫曼尼亞諾夫第三號鋼琴協奏曲的演奏，而他的精神就像一根被拉緊的琴弦，在演奏結束那刻斷裂，在舞台上昏倒，頭部著地受傷，主角也因此精神分裂，在精神病院治療近十年。

開創美國彼得·杜拉克管理學院國際級課程Business & You的人師之一博恩·崔西（Brian Tracy），他同樣是位世界級潛能大師，他認為潛意識的力量遠比表意識大上數萬倍；立普頓（Lipton）博士也認為，若想靠意志力改變與表意識相反的潛意識信念，成功率約為百萬分之一。

在《鋼琴師》這部影片中，看似表意識成功擊敗潛意識，卻付出相當慘痛的代價——精神分裂和十年的精神病治療。一般人大多不會有這麼強大的音樂狂樂，可能還是會因為父親及其他外在警告，使潛意識戰勝想出國的表意識；所以，如果內心有不值得擁有成功的念頭，就很容易使自己處於不斷失敗且平庸的人生之中。

因此，只要我們有意識地設下自己所期望的目標，但這目標卻剛好與潛意識或無意識互相衝突、牴觸時，那結果可想而知，舉白旗投降的將會是意志力；這也是為什麼我們常看到許多人下定決心要改變，卻始終無法成功的原因。筆者過去也常寫新年計畫書，但即便寫得洋洋灑灑，也始終沒有成功執行過；或很多人想戒菸，但大多都是以失敗收場；又或者是下定決心改變自己拖拖拉拉的態度，不再拖延，可過沒多久又回到原狀……

　　當我們做決定時，確實是一個積極、活力充沛、有決心的人，但最後卻都無疾而終，雖然我們可能都盡量朝目標努力，可到頭來總沒辦法實現，這也是為什麼許多激勵的課程會引導我們運用積極的想法、正面肯定語及意志力等工具去改變，只是不容易做到。

　　我們都在與部分的表意識交流，但那部分的頭腦並不負責改變，真正主宰習慣與改變的是潛意識，所以從意志力的角度來激勵人心，是無法成功改變的。

▲ Psych-K針對意識、潛意識、超意識說明。

## 意志力來自表意識，習慣來自潛意識

　　提出運用左右腦整合技術，使用肌肉測試法與潛意識建立溝通，進行持久性改變心智鑰匙的Psych-K創辦人羅布・威廉斯（Rob Williams）則認為，其實還有更好的方法進入正向積極的狀態，並保

持此狀態，且那種情緒與所謂的激勵課程是無關的。

如果我們能進一步了解表意識和潛意識，就會了解別人說的好方法，為什麼無法套用在自己身上，做幾次就不想做、懶得做，甚至是一次就失敗，因為我們有95％以上的行為思考，都是由潛意識控制，倘若潛意識給予反對票，你又沒辦法與潛意識進行有效溝通的話，那消極的模式便可能會使你無法實現自己的目標，無法過上原先設想的幸福生活，負面意識將阻礙吸引力法則發揮作用，什麼都做不成。

首先，表意識與意志力有關，我們願意嘗試新事物、下決定，都是基於意志力及表意識；而習慣則與潛意識相關，掌控身體的運動、心率、消化……等功能，偏好熟悉的事物，喜歡安全感，讓我們能安全的活著。所以，表意識與潛意識最根本的不同就在於，一個是意志力，一個是習慣。

同樣地，表意識擅長抽象的思維，潛意識則以感覺為主，所以潛意識習慣以五感：看、聽、嗅、嚐、觸碰來感受、改變，且潛意識是長期記憶，是儲存著人體過去經驗、態度、價值觀與信念的地方；它也沒有時間性，重視當下，所以我們在和潛意識溝通時，必須使用現在式。

以上筆者所探討的這些，都是如何與潛意識溝通的重要概念，唯有我們懂了，才能和它進行有效溝通，假如我們一昧地想用表意識的意志力進行改變，根本不可能，因為只要潛意識不同意，你就無法辦成任何事情，會將一切抗拒在外，這也是為什麼激勵課程的失敗率會高達97％。

## 潛意識作用，吸引財富的關鍵

英國倫敦國王學院教授蓋・克萊斯頓（Guy Claxton）在《任性心靈》書中提到，實驗證明一個人在有意識的行動前，腦內活動會激增，而這意味著意念來自於無意識，然後才進入至有意識當中。

所以，我們的心、意念，基本上是無法受到意識控制的，我們的情緒、行為、過往印記都被儲存於無意識之中，無意識隨便升起一個念頭，都足以改變有意識的意念。

這也再次說明，為什麼許多上過潛能激發的人，過了一段時間後，又會回到原先的現實生活中，跟之前沒上過培訓課程時一樣，沒有太多的改變；因為我們腦中的主宰者不是有意識的意念，而是無意識的潛意識，人體有90％的心智活動都在潛意識與無意識中進行。

潛意識作用力顧名思義就是善用潛意識的力量，讓潛意識願意協助我們創造財富。根據夏威夷療法的提倡者修藍（Ihaleakala Hew Len）博士的說法，意識每秒只能處理15至20個位元資訊，但潛意識每秒卻能處理1,100萬個位元資訊；而Psych-K發明者羅布・威廉斯（Rob Williams）則認為，意識每秒只能處理40個位元資訊，潛意識每秒卻可以處理4,000萬個位元資訊。

這些研究都表明，表意識可以處理的能力是有限的，潛意識處理的能力卻非常強大，只要我們善用潛意識，將能擁有更多的創意、靈感、直覺，讓我們有方法、方向地追求我們心中的財富夢想。

那有哪些好的方法可以發揮潛意識的作用力呢？根據筆者過去五年的實證與研究，歸納出幾個重要方法，第一個是前面章節提到的夏威夷療法「Ho'oponopono荷歐波諾波諾」，將我們潛意識中不斷重播的壞資訊（業力）清理乾淨；第二個是運用冥想、靜心的方式；第三

個則是創富夢想板；第四個為創富心靈術。若我們能有效運用夏威夷療法、冥想、創富夢想板與創富心靈術，便能發揮潛意識的作用力，實現我們追求的財富目標。

## 夏威夷療法：清理潛意識垃圾的絕妙方法

生命中有許多問題會阻礙我們成功創富，其中每個人的業力就是一個關鍵因素，而夏威夷療法「Ho'oponopono荷歐波諾波諾」便是能清除業力的好方法。清除業力的方法有很多，像許多宗教會讓信徒以念經、禱告的方式進行懺悔，其實方法沒有絕對，只要合適自己，是有效的，就是很好的業力清除方法。

筆者也接觸過許多方法，但我個人認為最簡單且有效的方法，便是夏威夷療法「Ho'oponopono荷歐波諾波諾」的自我意識法，也就是前面一直提到的四句話：「對不起、請原諒我、謝謝你、我愛你。」只要不斷地對自己說，就是這麼簡單方便，所以我才會不斷向你分享這個好方法。

夏威夷療法最有名的案例就是提倡者修藍博士，他透過此法成功治癒了三十幾位重症精神患者。當時，美國夏威夷州立醫院設有專門治療重症精神病的院區，每年在病人身上花5萬美金治療，一年的花費是150萬美金。修藍博士每天都會到醫院，在醫院各個角落複誦著這四句話：「對不起、謝謝你、我愛你、請原諒我。」

沒想到過了半年後，這些精神疾病患者都改變了，他們不再攻擊別人，較能配合院方的治療；甚至開始對花草樹木有情，不再肆意踐踏，整個院區綠意盎然起來；牆壁也不用再經常粉刷，因為他們原先

破壞的行為都有明顯改善。

時間又過了三年，這些患者的病癥全都不見了，各個恢復正常，而且還能幫忙做一些打掃的工作，這不是院方要求他們才做的，而是他們都很樂意幫忙做這些事情，院內的相處氛圍變得十分融洽，病人陸續出院，最後也不再需要這間精神科專門院區了，政府一年省下150萬美元；所以，夏威夷療法是真的有效的。

例如有人罹患糖尿病或高血壓，若從能量醫學的角度來看，患者其實自己就可以運用夏威夷療法「Ho'oponopono荷歐波諾波諾」來修正這個問題，因為這種疾病罹患在自己體內，所以最好治療的方式，就是透過自己來導正，那要怎麼做呢？與自己的身體講話，對身體的病痛說「我愛你」。

說完後，這病痛的記憶、資訊（業力），就會從潛意識被送到超意識，而超意識會再將這個記憶送到自己體內的光（神性智慧）中，然後我們身體的這個記憶（業力）就會歸零；因此，也可以把這種清除業力的過程，視為一種懺悔、請求原諒的過程。

所以，當有問題來臨時，我們不是去批判為什麼會這樣，不需要抱怨及充滿負面情緒，我們首先要做的事情，便是清理這個記憶（業力），內在的光（神性智慧）會協助我們處理好祖先代代累積的記憶（業力），協助我們實現夢想，如財富、健康長樂……等。

我們自己也要清楚明白，我們的體內有光（神性智慧），就有力量處理我們的問題，還能解決別人的問題。若進一步深層理解，當我們身旁其他人，不論是親人或不認識的陌生人，只要這一世、這一刻出現在我們周遭與我們相識，且只要得知並了解對方的問題後，就會被宇宙視為自身的責任，這就跟東方佛法因緣果報的道理相同。

因此，每個人內在的光（神性智慧）除了能治療自己外，也可以協助治癒對方，一同幫助對方將記憶（業力）清理乾淨，達到真善美的平靜、祥和的狀態（空性註）。

　　以筆者自己運用夏威夷療法的實證經驗，可以舉個簡單的例子與讀者分享。筆者在過去五年，睡前都會先擦點乳液或油性的保養品，因為半夜皮膚都會莫名搔癢，影響睡眠品質，且越到後面兩年，即使有擦乳液，到了半夜仍會癢到受不了，甚至會爬起來抓癢。

　　但自從筆者學會夏威夷療法「Ho'oponopono荷歐波諾波諾」後，便讓自己進到 $\alpha$ 波狀態，對自己的皮膚說「我愛你」，並輕輕地撫摸皮膚，神奇的是，自從與皮膚溝通之後，夜間皮膚便不再搔癢了，不用再擦拭乳液或其他油性保養品，親身證實到夏威夷療法那絕妙的神奇力量。

　　所以，筆者建議讀者可以在睡前用十分鐘的時間，讓大腦進入 $\alpha$ 波狀態，運用夏威夷療法處理自己想解決的問題，或其他想達成的願望，如果初期效果不理想，可以試著先問問自己：「到底是我潛意識中的哪些資訊使夏威夷療法沒有效？」然後再對這部分默念夏威夷療法「Ho'oponopono荷歐波諾波諾」的四句話：「對不起、請原諒我、謝謝你、我愛你。」將資訊和負面情緒全都刪除，千萬別試了兩、三次沒效果，就馬上否定它，那只是因為你還沒清理乾淨而已。

---

註：空性是指佛法上所有現象的本質，如果就一個人來說，便是處於單純、平靜時所體驗到的開闊感。

## 單元練習

### 25至1專注練習

為進入更深、更健康的心靈層次，我們每天都要進行倒數深化練習，步驟如下。

🏷 將雙眼閉上，從25倒數至1，每次倒數時，要在心中觀想數字。

🏷 每往下倒數，我們便會進到比以前更深層、健康的心靈層次。

🏷 數到1時，請試著觀想一個最快樂的畫面。你可能觀想自己在泡溫泉，那請感受一下那個溫度；也許你走在青山綠水間、走在充滿芬多精的自然山林中，讓自己真實感受到那種感覺。

🏷 接著，讓自己進入更深層的心靈層次，從10數到1，感受自己擁有身上所有感官的主導權。

🏷 這時腦波呈現強烈的α波，請觀想自己想達成的財富與夢想，好比我要在年底前賺五百萬、年終獎金八個月、案子順利、出國度假……想像這個夢想已然實現，你正享受其中，而此願望將在腦中形成程式。

🏷 用心體會這個狀態，好好享受這種感覺。最後，慢慢從1數到5，然後張開眼睛，你會感覺自己神清氣爽，身心更健康。

## 3到1法練習

面對工作上問題，我們同樣可以用3到1法，讓自己先進入 $\alpha$ 腦波層，來實現心中所希望的成果畫面，這個成果不能只對自己有利，也要能讓其他人受益，利己也利人，步驟如下。

🏷 將眼睛閉起來，放鬆身體。調整呼吸，深吸一口氣約4至5秒。

🏷 吸完之後，請摒住這口氣，停留4到5秒。

🏷 然後慢慢吐氣，同樣約4到5秒。

🏷 重複上述動作，進行2到3個循環。

🏷 接著，再次呼氣，心中請觀想數字3，並默念3，這個動作要連續做三次，越慢越好。

🏷 第三次呼氣數3時，開始感恩冥想。

🏷 完成感恩冥想後，請在心中觀想數字2，這個動作要連續做三次，越慢越好。

🏷 第三次呼氣數2時，開始觀想最快樂，舒服到完全放鬆的畫面，例如泡溫泉，聞到硫磺味，看到熱氣緩緩上升。觀想時，想得越細節越好，停留多一點時間，讓視覺、觸覺、嗅覺在潛意識足夠清晰。

🏷 完成快樂畫面的觀想後，接下來請在心中觀想數字1，這個動作要連續做三次，越慢越好。

🏷 第三次呼氣數1時，我們會進入比以前更深層、健康的心靈層次。

🏷 這個時候，我將對自己的感官擁有全部控制與主導權，腦波將呈現 $\alpha$ 波狀態。

# 冥想，讓我們與財富同頻共振

　　冥想又稱靜坐、靜心、打坐或禪修，相信讀者都知道冥想，應該也有操作過，那財富又跟冥想有什麼關聯呢？為什麼筆者會建議想創造財富的人，一定要練習靜坐冥想，主要是因為冥想能讓我們的腦波從一般的 $\beta$ 波（每秒14～30赫茲），調整至放鬆且平靜的 $\alpha$ 波（每秒9～14赫茲）或更深層的 $\theta$ 波。而 $\alpha$ 波能進行創造性的觀想，因此在確定自己的夢想後，可以藉由對財富的觀想，將潛意識與宇宙意識連結起來。

　　由於外在環境的變化、競爭所帶來的壓力……等，常常導致我們的心念變得混亂，而只要心念混亂，便會使我們無法正確的認知與評估外在的事物，那對於創造財富的敏銳度、精準度就容易失準，你所做出的決策或吸引外在財富的能量就會變得發散。

　　因此，我們要透過冥想練習，淨化我們的心念，讓自身的專注力提升，確實專注在創造財富上，如此一來，我們對外在事物便會有更清晰的評估與認知。

　　想要更多財富，相信是每個人的夢想，然而許多人卻只曉得追求外在財富的辦法，殊不知人體內在的力量，才能帶領我們通往財富之路，人生其實並不缺乏外在財富的機會及工具，相反地，內在的平靜、愉悅與愛，才是我們真正欠缺的東西。

　　接受境由心造的可能性，心念要超越環境、身體、時間，根據腦

科學的研究發現，我們在特定時間、地點、所經歷的人事物，都會構成我們大腦神經元的網絡被真實反映出來，這時我們會開始用習慣的方式進行思考與反應，日復一日出現同樣的實相。

當我們有個不同於過去習慣的想法和意念時，大腦潛意識會自動反應，請我們消除這種想法，回到習慣的機制裡；所以，如果我們總是從過去的習慣、經驗中思考問題，就只能創造出一樣的結果，若期望出現不同以往的結果，這是不太可能的。

## 冥想是創造財富的過程，也是幸福的秘訣

現在已有科學研究證實，沮喪、焦慮、憤怒、壓力……等負面情緒，將會加快腫瘤生長的速度，降低人體免疫系統的功能，而美國加州大學（UCLA）洛杉磯分校則有項研究，表示冥想能減緩大腦退化，冥想會幫我們過濾一些情緒層，讓我們能將創造財富的心念集中，不被外在所干擾，因為冥想能使我們的心靈沉澱，不再有任何疑問，所有問題都能煙消雲散，確實體驗到感激、喜悅與滿足的狀態，而這種狀態就是財富的情緒表現。

冥想還會形成同調性的腦波，這同調性會產生完整、幸福、了然、信任和富足的感覺，也因此能將同調性的腦波傳達至量子場，依據作用力與反作用力的理論，宇宙那龐大的能量，將會創造實相回應我們，許願者就能實現自己心中的夢想與目標。

我們整個心靈是由10％的意識心和90％的潛意識所組成，冥想的過程可以打開我們意識心與潛意識之間的大門，進入潛意識的操控後台，將悲傷、恐懼、憂懼、憤怒、病痛……等舊習慣、行為與負面情

緒改變，成為更具生產力的積極模式。

　　冥想是對意識的引導，我們的心念其實在每天早晨醒來時，便會被外在觀點、形式和認知所束縛，以致我們在面對事情時，會出現固定的行為模式，一不小心便對固化的生活模式言聽計從，導致人生無法朝好的方向發展，反倒產生負面的影響，增加壓力，致使許多病痛產生。

　　因此，透過每天定時的冥想練習，讓自己保持頭腦清楚、良好的健康狀況，增強處理問題的技巧，以提升內在的財富意識與外在能量，讓自己在現實生活中，跳脫既有的生活模式，得到幸福與快樂。

　　在冥想的過程中，我們會感受到幸福與完整，整個人會變得更有智慧與愛心，願意付出、有決心，身體也因內在情緒的改善而更加健康，不再呈現一種匱乏或需索的狀態。

▲ 帶領學員練習感恩冥想。

且最有趣的是，當我們不再有需求或感到匱乏的時候，可能會突然獲得靈感，猶如充滿正能量的磁鐵般，吸引周遭的貴人；更同時展現出創造財富的喜悅，感覺富足就在身旁，覺得財富無時無刻朝著你湧進來。

## 冥想的效益來自於每日持續練習

現今社會快速變遷，生活步調緊湊，每個人的思緒其實參雜了許多的雜念與混亂的狀態，常常因為一件小事情，讓整間公司的氣氛緊張、上班環境沉重，內心壓力非常大。

筆者過去在輔導企業時，常常會告訴企業員工盡量提早到公司，然後花個十分鐘進行冥想，讓自己先靜下來，藉由冥想讓一些情緒緩和下來，專注在當下所發生的事情，條理分明地看待事物，回歸自然狀態；若工作帶有個人情緒，常常會感情用事，讓腦筋混亂，無法做出正確判斷，造成自己或多方的困擾，畢竟公司算是一個小型社會，必須與很多人進行互動。

隨著我們冥想次數的增加，轉變的效果就會越來越明顯，一開始可能只是覺得心境更為平和，壓力得到舒緩，但久而久之，你會發現自己更深層次的變化。且在這過程中，你的免疫系統將會提升，不再容易感到疲累，身心的狀況明顯改善。

可能會有讀者因為處於高度競爭的高壓環境，初接觸冥想時會覺得不耐煩，沒練習多久就選擇放棄，因而認為冥想不適合自己，沒有什麼價值與意義；筆者在帶領學員冥想時，便有遇到學生直接提出這樣的疑問，可是你要知道，學習這件事，一開始總會比較困難，但

這只是因為你還不習慣冥想這件事情，只要你多練習、多努力，突破了，回頭看就會知道冥想真的很簡單，沒有當初想得那麼困難，很多事情的道理皆是如此。

預備冥想時，請把背脊打直、坐姿端正，先做幾下深呼吸，將注意力集中在呼吸上，調整平順、均勻，這樣便能把自己的心緒平靜下來，在毫無雜念的情況下，便能自然連結自己的純意識場（Pure consciousness），在腦海裡建構自己想要達成願望的畫面，越細緻越好，若能將自己願望實現後的心境，都觀想出來的話，效果更好。

冥想練習時，一般最常用的是聲音，但也有人會使用視覺圖像，且冥想時不一定要採蓮花盤腿坐姿，反而應該注意自己的頭、頸部、軀幹等是否有保持一直線，因為一直線才能確保自己是使用橫膈膜進行呼吸，讓能量自下而上貫穿全身。

冥想時，不需要特別將注意力放在額頭中央，因為我們不是在做瑜珈。再者，若刻意將注意力放在某個位置，可能導致身體不自覺地用力、肌肉緊張，以致身體不夠放鬆，失去高品質的冥想練習。

有些人剛開始嘗試冥想時，總會覺得自己的注意力跑掉，其實這是正常的，只要再把注意力拉回來，將注意力放在呼吸和身體上即可，不要刻意限制自己的心念，不用因為冥想不專心就責怪自己，評價自己做得不好，好像自己沒有天分一樣。只要輕輕把注意力拉回來，讓自己放鬆，心就會越來越平靜，充滿自信後，專注力就自己會浮現，所以有空時就冥想一下，你會越來越有心得。

## 將感恩冥想與夏威夷療法結合

請想想自己是否有過這樣的經驗，有時當我們非常專注在某件事情時，完全將時間和空間忘記，彷彿時間與空間感瞬間消失，這時候，我們其實已經站在進入量子場的門檻上，已經可以和宇宙神性智慧進行連結。

因此，若我們想擁有更多的力量掌握人生財富，反而更需要將我們的機會給出去，我給的越多，就能得到越多，使自己獲得更多能讓宇宙展現力量的機會，將所有感官靜下來，去尋找靈感與直覺力，把所有的心智活動專注於內在世界，去意識那無所不在的神性智慧。

所以，運用簡單的冥想來進行許願，將是解決吸引力無法實現的途徑及方法，如果你能每日堅持做十分鐘，願望將更容易達成。

我們的頭腦與意義就好比海面上的冰山，往往只能看到事物的表象，其實宇宙本體和我們的純意識場，就好比冰山沉潛於水面下的部分，連結著大海，蘊藏無限的資源和潛能；所以，冥想就是連接自己純意識場及宇宙本體最好的方法之一，透過冥想，念力更容易有效傳遞出去，只要許願時100％相信願望能實現，不帶有半點懷疑，再透過冥想連接，其必定能實現！唯有內在的世界改變，外在的世界才會跟著變動，這才是改變命運的根本。

那我們要如何才能快速感覺心靈與身體相融合的潛在實相，並想像與感受自己就生活在其中，懷抱著感恩的心情呢？探討這個問題，讓筆者想到日本的江本勝博士，他曾做過水的結晶研究，實驗後發現，當我們對水施予愛與感謝的聲波能量時，水會呈現出完美的六角結晶體，因而得出愛與感恩的能量能改變物質界。

我們的體內有60％是水，如果身體內的水都呈現出愛與感恩的結

晶體，那身體的健康將會與自己相伴，倘若一個人隨時保持正向、積極且快樂的心態，那我們的事業也會因此順利、家庭幸福美滿，甚至是活得更長壽。

上述問題的答案就是「感恩冥想」，也是創富重要的一環。在冥想的技巧上，實證研究感恩冥想是很好的方法，也是目前最有威力的身心轉化技巧，強調從頭頂開始，對身體每個器官、部位進行放鬆練習，並同時說「謝謝」；也就是說，在冥想時加入夏威夷療法「Ho'oponopono荷歐波諾波諾」，能更有效地清理業力、身體上每個記憶細胞，依筆者個人的經驗，如果在說「謝謝」時，能再加上「我愛你」，其效果會更明顯。

如果時間允許，可以重複做好多次，更擴展至你所認識的每個人，對每個人進行觀想，對他們說「謝謝你、我愛你、對不起、請原諒我」，將感恩冥想與夏威夷療法結合，更融合西瓦心靈術，便能實現創富心靈。

## 「冥想」讓賈伯斯創造出iPhone

全球暢銷書《有錢人想的和你不一樣》作者哈福·艾克（T. Harv Eker）每天都會進行冥想，同樣使用改變信念的感謝話語及心念圖；而賈伯斯（Steve Jobs）也認為，他對簡潔的喜愛及專注力，源於早年冥想的習慣，冥想讓他的直覺力變強，得以去除所有讓人分心或不必要的東西，因而培養出極簡主義的美學觀，創造出iPhone。

大腦和心智發展領域的先驅溫格（Win Wenger）博士曾進行研究，發現呼吸與專注力兩者之間有相關，如果嘗試游泳、跑步或任何

一種有氧運動，每日運動兩次，每次約四十五分鐘，並在運動結束後進行冥想，能有效改善情緒，因為你在運動的過程中，會釋放大量內啡肽，使人腦活躍，因此感覺狀態良好。

許多研究也證實冥想不只能緩解壓力、放鬆心情，還能改善大腦功能，增加流向大腦的血液量，改善耐性、專注力和記憶，也能讓你徹底放鬆。所以，請試著每天冥想三十分鐘，你可以分兩、三次進行，每次冥想十至十五分鐘就好，早上起床做運動後及晚上臨睡前進行冥想的效果最佳。

如同前述，在《秘密》裡的吸引力法則，有許多人都知道且操作過，但運用下來卻發現效果不大，因為在想像願望的過程中，我們經常會覺得思緒混亂，以致無法產生平靜、快樂、富足的情緒，因而不能形成富裕的振動頻率。

但透過冥想，可以使我們形成同調性的腦波，幫我們撥開一些情緒層，使我們真實體驗到感激、喜悅滿足的狀態，產生完整、幸福、了然、信任及富足感，將此同調性腦波傳達到量子場，根據作用力與反作用力的理論，讓宇宙龐大的能量來創造實相回應，達成心中的願望。

所以，冥想會讓我們變得有智慧、有愛心、樂意付出、更有決心、身體更健康，不再活在匱乏或需索的情緒下，最有趣的是，當我們不再感到匱乏時，不但能突然獲取靈感，還更容易吸引相關的貴人，有如神助；同時也展現出創造財富的愉悅，感覺富足就在身旁。

## 單元練習

### 利用創富心靈術改善工作的練習

　　面對工作上問題，我們同樣可以用3到1法，讓自己先進入 $\alpha$ 腦波層，來實現心中所希望的成果畫面，這個成果不能只是對自己有利，也要能讓其他人受益，做到利己也利人。

- 設定夢想目標，思考自己想要創造的財富數字，並觀想創造這財富數字之後的感覺。
- 運用3到1法，使大腦進入 $\alpha$ 波。
- 將所觀想的感覺與畫面、財富數字帶入 $\alpha$ 波。
- 感謝更高的神性智慧幫助我們創造與實現。
- 從1數到5，離開 $\alpha$ 波，感覺神清氣爽，精神百倍，身體健康。
- 隨手攜帶便利貼，一有靈感或直覺，趕緊記下來。
- 針對靈感或直覺的想法思考，可再進入 $\alpha$ 波，形成由右到左的三個心靈畫面。
- 右邊的畫面，是目前在工作上所面臨到的問題，觀想過程越細膩越好，並停留多一點時間，讓潛意識的視覺足夠清晰。
- 中間的畫面，是打算用什麼方法來解決目前工作的問題，同樣也是越細膩越好，停留多一點時間，讓潛意識的視覺足夠清晰。
- 最左邊的畫面，是我們希望這個工作上所面臨的問題被解決了，擁有好成果的畫面，一樣停留多一點時間，讓潛意識的視覺清晰。

# 打造創富夢想板，從此美夢成真

根據潛意識研究的權威大師約瑟夫・墨菲（Joseph Murphy）博士的說法，我們眼睛所看到的東西都存在於潛意識中，只要每天持續進行觀想，那我們心中所想的東西總有一天就會實現。這也是這節筆者想跟大家討論的，製作夢想板對我們創造財富相當重要，有效的夢想板關鍵在於清晰度，在腦中建立的影像要清楚、詳盡，近乎真實，並運用各種感官去感受、想像與體驗，就像前文提到的，潛意識的溝通方式為五感，感官的感受越細膩，越能讓潛意識發揮作用。

## 創富夢想板引導潛意識創造出我們想要的實相

創富夢想板是什麼？首先介紹一個故事，芝加哥大學賈德畢修托（Judd Biasiotoo）博士曾進行一項研究，將籃球員分成兩組，一組每天練習一小時的投籃，另一組則沒有實際練習投籃，但在心中想像自己成功投籃的畫面；結果，該兩組的投籃命中率都提高了24％。

實驗後，針對想像力的科學研究開始受到關注，後續將此實驗結果稱為視動行為複演法（Visual Motor Behavior Rehearsal），指在大腦中創造一個經驗，藉由回想經驗而儲存在潛意識中的訊息，以降低潛意識或無意識中既有的焦慮，成功增加信心。

一般人對愛因斯坦的認識，應該都是他推論出著名的相對論，但

他本人其實不這麼認為，而且也不是能量或數學。那他最偉大的發現到底是什麼呢？他的回答是：「想像力比知識的力量更強大。」

如同我們現在眼睛所看到的偉大建築物，這些偉大的作品都先出自於建築師的想像力，將腦中所想到的樣子，繪製於圖稿上，並非直接把大樓蓋出來，反而是透過內心，先觀想出雄偉的大樓最終會是什麼樣子，才把實體建造出來。

因此，我們要仿效建築師蓋大樓，將自己的目標藍圖畫出來，再運用視動行為複演法，把圖紙上的目標觀想出來，想像已被實現的場景，在腦中創造出一個已然實現的體驗，讓潛意識協助我們創造出達成目標的方法與靈感。

但有趣的是，並沒有很多人能像建築師或畫家一樣，將心中所想的東西確實畫出來。根據亞歷山大·洛伊德（Alexander Loyd）博士的說法，有99％的人對自己的心念圖毫無頭緒，自然也沒有辦法將它圖像化；就好比夢想目標不夠清晰、明確的話，你會不知道人生接下來該往哪裡走，就這樣一天過一天，直到某天才突然驚覺人生已過了大半輩子，當想要改變時，早已力不從心。

其實，要做到徹底改變，對每個人來說都是大工程，即使我們已下定決心要創造自己的新命運，卻發現無法克服過去記憶中的自己。尤其是創造財富這件事情，許多的想法與過去在舒適圈都不太一樣，不敢提出自己想要有多少財富、目標為何，因為會擔心自己永遠得不到，而產生挫敗感。

這股憂慮會形成一股強大且不可撼動的能量意識，與外在恐懼能量形成一種共振，導致得不到的結果應驗，挫敗感也跟著浮現。潛意識研究權威約瑟夫·墨菲（Joseph Murphy）曾說：「潛意識有一項特

徵，會將人們過去的資料與訊息，以全人類的遺傳基因形式相傳，代代累積下去。」所以，我們要自信滿滿地迎接心中所想的成果。

## 實現夢想圖的三個層次：發生、情緒、愛

但真的只要發揮想像力，產生自己的心念圖，夢想就會被實現嗎？心念圖其實還需要將我們大腦內潛藏的恐懼記憶清除，因為這恐懼、失敗的信念會阻止我們實現成功，所以，若想讓夢想板的預演奏效，得分三個層次來看。

第一，我們要在內心仔細預演未來，一直預演到大腦實際產生變化，大腦潛意識被植入「現在事情已經發生」，所以會先處理潛意識的核心信念；第二，我們要在情感上接受一個新意圖，一直到身體情緒也接受並跟著改變，有經歷過的感覺，處理這受困的情緒；第三，夢想板的目標，如果並非出於「愛」，那也不見得能實現成功，當出於「愛」，最後結果可能也會讓當事人大吃一驚。

亞歷山大‧洛伊德（Alexander Loyd）博士曾接到一名自私且身體狀況不佳的建築承包商老闆的諮詢，那位老闆希望年營業額能從五十萬美金提高到一百萬美金，還希望達到目標後，可以買下山頂的別墅、紅色跑車，並享受豪華的高爾夫假期。

洛伊德博士聽完後，將他心中的願望、目標進行調整，那老闆一樣可以買一棟房子，但不是山頂那一棟；可以買一輛新車，但不用買到跑車；豪華的高爾夫假期則改為家庭旅遊，最後，又訂出三項善行要他確實執行。

首先，捐錢給不幸的人；接著，抽空奉獻自己的專業能力，回饋

於地方相關的專案諮詢及建設；然後，減少公司員工的工時，並為努力認真的員工加薪；最後，將一切結果交給宇宙，放下原先對獲利的執著。

結果如何呢？一年過後，這位老闆有了重大的改變，他變得健康又快樂，公司所有的員工都相當愛戴他，他在地方的名聲也向上提升，從自私的商人變成善心的商人，公司的施工品質也從偷工減料變成真材實料，品質更是業界有口皆碑，各大建案的企劃書堆著厚厚一疊，各大建築師等著與他合作。最後，他賺到的錢不是當初訂下的一百萬美金，而是一百五十萬美金。

所以，一個人調整潛意識的核心信念，將負面情緒釋放掉後，以愛為出發點所訂下的夢想板，宇宙會在這個人努力實現目標的過程中，逐步顯化出想要的實相；但我們要明白一點，那就是階段性的成果，不見得會如我們所願的方向前進，畢竟我們對未來所知是有限的，無法確定它是否會往我們心中所想的結果發展，但結果也有可能變得更好，超乎我們原先預期的目標，獲得更美好的果實。

## ⑤ 夢想圖越真實，潛意識裡的目標就越強烈

筆者以自己為例，與讀者們分享之前設立的夢想圖。筆者在攻讀博士學位時，當時的指導教授就是改寫我潛意識信念的教練，他時常對我說：「你會畢業的。」也經常拿其他學生的狀況來鼓勵我，於是，教授對我述說的話語、見面時的場景、愉悅的感受，就這樣慢慢植入我的潛意識中，使我的潛意識對「博士學位」這件事是安心的。

我當時向學長借畢業證書來影印，在影本上塗抹立可白，將畢

業生的名字更改成自己的，然後再複印一次，翻拍至手機當桌面，早上起床跑步時，看到手機桌布就想像自己已經畢業，身穿博士袍的樣子；而上面這些動作，在無形中驅使我的潛意識認為自己已成功拿到博士學位，所以筆者才能在一年內便在國際期刊上發表三篇論文，取得貨真價實的博士學位。

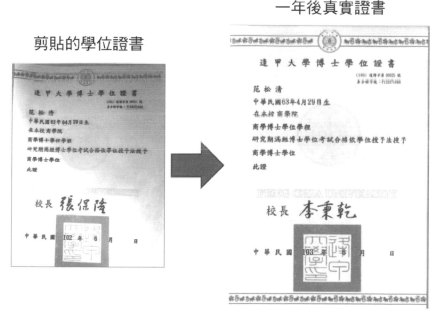

▲ 實現博士學位的夢想圖。

前美國加州州長暨國際巨星阿諾·史瓦辛格，他也認為自己之所以能成功，就是因為當初明確地刻畫出自己的夢想，願景的輪廓相當清晰地烙印在腦海中，想像自己實現夢想時的畫面。從確立夢想的那刻起，阿諾所做的一切，無論需要付出多少的努力或遭遇多少困難，他都覺得不要緊，因為他心裡明白，只要這麼做就會水到渠成。

　　就如同研究潛意識的權威約瑟夫・墨菲（Joseph Murphy）博士所說，夢想越真實，越能強烈地刻印在潛意識中，如果只是想著夢想中的自己，卻沒有具體內容及清晰的畫面，那夢想圖就無法進到潛意識。那要如何確認潛意識是否有接收到呢？就看情緒有沒有高漲起來，如果沒有就再接再厲。

　　筆者還有另一個夢想板的真實案例跟大家分享，之前筆者曾在心中想著要買下一間房子，結果同樣以不到一年的時間，達成夢想圖中的願望。

　　筆者居住的地區是個好山好水的地方，又有便利的交通系統，當時恰好有一個全台最大的聯合土地開發案即將建成，該建案離捷運站不到三百公尺，可謂到站即到家，地點真的非常好，所以，建案在三個月內就全數銷售一空，只剩下一間建商保留戶。

　　當時有許多人想搶這最後一席，不論是家庭自住還是投資客……好多人詢問，可即便提出多高的價格，建商保留下來的那一戶就是不願出售，各個買家只好作罷，就這樣不了了之。

　　沒想到半年後，建商竟突然想釋出這間房子，而筆者又這麼幸運地剛好前去看房，因而能抓住這個好機會，經過雙方多次的溝通、議價，最後順利將房子買下來，且筆者買下房子後，房價又不斷地攀高，展現出該地段的發展潛力，著實買到黃金屋。回頭檢視之前夢想中的房子，就剛好與這間房子十分類似，各個條件都不謀而合，太令人驚訝了。

　　所以，夢想板的威力真的非常強大，只是一般人不會特別放在心上，認為這種剪剪貼貼的東西，就像小學生在美勞課創作的作品，只能用來看看、聽聽而已，不會真正採取行動。但也因為這樣，確實

實踐夢想板的人，其收穫往往大於原先的夢想板；沒有實踐夢想板的人，會花很多時間思考或遲遲不行動，替自己找理由拖延，成為自己無法實現夢想的絆腳石。

現在的人總是想得太多、做得太少，因為過去的教育告訴我們，凡事要三思而後行，即便沒有認真學習，但在耳濡目染之下，每當碰上問題或需要作決定、行動的時候，總會說：「知道了，我再想想。」然後又回到慣性之中，停在原地。

## 買下夢想圖中的房子

因此，行動永遠比不行動好，你知道為什麼有錢人能一直有錢嗎？因為他們曉得先行動，拔得頭籌後再修正，在執行的過程中調整方法；而一般人會等問題都考慮清楚後才開始，但始終沒有考慮清楚的那一天，因而產生財富上的落差。

## 製作夢想圖，讓潛意識形成信念、實現夢想

現在跟大家討論一下夢想板的製作，大家可以參照下圖，筆者有將夢想板的範本圖案畫出來，以九宮格的方式，將你的夢想板區分為九個部分。

首先，中間寫下對神性智慧（宇宙）的感謝，如果你有宗教信仰，也可以將自己將中間那格神性智慧視為自己心中的信仰，對內心訴說實現目標的感謝話語，不用太多字，大概三至五個字即可，例如：非常感謝。

| | | |
|---|---|---|
| **夢想＋情緒1**<br>最想要的目標，如得獎 | **夢想＋情緒2**<br>如存款金額。 | **夢想＋情緒3**<br>生活空間，如房子、車子 |
| **夢想＋情緒8**<br>其他 | **感謝的話：○○○**<br>**達成日期：2022/12/31**<br>**名字：○○○** | **夢想＋情緒4**<br>僅次於夢想1，<br>其他一直想要的東西。 |
| **夢想＋情緒7**<br>健康 | **夢想＋情緒6**<br>幫助別人，如志工 | **夢想＋情緒5**<br>休閒生活，如出國旅遊 |

▲ 夢想板製作參考範例。

接著寫下期望實現的日期，這個時間要客觀評估，若無法訂出一個準確的日期，可以用年度來計畫。目標也可以寫大，但前提是要有

明確的方向或強烈的靈感、直覺，知道該怎麼做，如果沒有，建議稍微考量現實面，確實評估自己的狀況。

假如你訂定的目標是三年存到一百萬，那你可以挑戰自我看看，能否一年就達成目標，或許有難度，但並非不可能，可以藉此激發自己的潛能，最後請寫上自己的名字。

其他外圈的八個圖表，僅列出八種供讀者參考，但不是真的列出八個目標，或是列出自己階段性的目標，其實一年達成三個，也算很厲害。

每個夢想目標要再加上情緒，也就是當你達成目標時，腦波所反應出來的內心感覺，例如平靜、喜悅、愛、寬恕、感恩、安全感……等，一種內心的狀態，如同前面章節所說的，帶有愛與正面的情緒，將會在量子場中形成我們想要的實相，所以，請試著將內心狀態投射到潛意識中。

夢想板製作好之後，請在每天睡前、起床時，花十分鐘的時間，讓自己的大腦進入 $\alpha$ 波，觀想夢想板上所寫下的目標，由左上開始，依序想像每個圖案實現的情景與狀態，包含周遭的人事物，越詳細越好，結束時請感謝神性智慧（宇宙）或信仰，讓自己實現夢想。

量子模型告訴我們，若要改變生活，就要從根本上改變想法、行動與感受的方式，來超越環境、身體、時間等重複出現；所以，我們要先將「想法」看成主要與心靈相關，感覺則與身體連結，隨著身體感受與特定心理狀態的想法一致後，心靈與身體就會融合在一起，形成我們想要實現的狀態。

尼爾森博士也認為，只要我們具備相信自己做得到的信念，並對宇宙保持感恩的心，我們將創造出心中所想要的結果。如果我們有個

想要完成的目標，請想像一下達成目標時我們會有多感激，假如我們能感受到那感激之情，並預期就是這樣的感覺，目標就會發生，夢想就會實現。

## 單 元 練 習

### 夢想板製作練習

🏷 請拿一張白紙，在紙中間寫上感恩語、達成日期與自己名字。

🏷 由左上開始將想要的目標剪貼於板子上，或畫出心中所想的目標。

🏷 完成後，請閉上眼睛，讓大腦進入 α 波，回想夢想板上的目標圖案。

🏷 持續閉上眼睛，由左上圖開始，想像每個目標實現的情景與狀態，觀想得越詳細越好。

　　每天睡前、起床時，花十分鐘的時間，讓大腦進入 α 波，回想夢想板上每個目標，想像每個夢想實現的情景與狀態，結束時請感恩上蒼、感恩宇宙，讓自己實現夢想。

# 創富心靈圓夢術的驚人威力

如前面所討論，創富心靈術除了負面情緒釋放技術、正面信念植入技術外，其實還來自於西瓦心靈控制術（Silva Mind Control Method）的創新，這是將西瓦心靈術融合感恩冥想與夏威夷療法「Ho'oponopono荷歐波諾波諾」，再經由專注調整所形成的創富方法。

首先，請回顧當初為什麼會接觸西瓦心靈術，是不是因為運用吸引力法則來吸引財富時，總是夢想落空、受挫，所以才會開始大量閱讀相關書籍，探究背後真正的原因，最後才發現關鍵因素為「潛意識」呢？

如果一個人的潛意識是恐懼，那不管做什麼，都會呈現出恐懼、失敗的狀態。人可以運用表意識的選擇與自由意志，判斷可以學習與選擇何種方法來解決困難，但往往有許多問題是人無法在意識層面全然解決的，這也是為什麼求神問卜、算命、占星術，會受到民眾歡迎的原因。

## 運用潛意識啟動「神性智慧」的創富潛能

在查爾斯・哈奈爾（Charles F. Hasnel）的著作《財富金鑰》中，提到創富的關鍵在於是否有運用潛意識，來啟動潛藏在「神性智

慧」的無限潛能，人們內心真正的願望大多存於潛意識之中，表意識所想、所期待的，其實很少能成真，因為潛意識中的恐懼、失敗、不可能，會導致我們無法實現擁抱財富的夢想。

因此，若懂得運用潛意識，那生活便能處處暢通，如行駛在高速公路上一樣，無往不利。而要妥善運用潛意識，我們必須學會控制自己的身、心、靈，學習專注，但要如何做到「專注」呢？很多讀者一定都跟筆者一樣，常在書上看到自己相當認同的觀點，但卻不知道該如何將此觀點運用在生活上，書中也找不到方法或答案，必須自行深入探索，研究出關鍵答案。

筆者當初也在想、在尋找，究竟該用什麼辦法，好好對待潛意識，讓它展現出勇者無懼，發揮效力，實現我們的夢想？最後才在冥想時，想到可以試看看西瓦心靈術，之後也有幸取得美國西瓦ESP終極潛能系統的認證。

西瓦心靈術是由一位叫荷西西瓦（Jose Silvas）的美國人所發明，這是一個運用心靈潛能來實現夢想的方法。運用西瓦心靈術時，我們先將打算吸引的目標，以訊息與圖像的方式，讓大腦進入 α 波、進入潛意識，改善我們原先運用潛意識的方式。

創始人西瓦早在六十幾年前，就開始研究意念與成功之間的關係，他先於1944年在自己的孩子身上進行研究，思考如何運用心靈潛能實現自己的夢想，直到1999年，西瓦先生才於逝世前研究出一個潛能培訓系統〈Silva Ultra Mind ESP System〉。最後經科學實證，此系統確實能改變、解決問題，證實西瓦動力冥想系統是確實有效的工具，幫助世上逾六百萬人。

ESP，是Extra Sensory Perception的略稱，意指「超感官知

覺」，通常被稱為心靈感應、透視力、覺知力。其實每個人身上都具備ESP的能力，例如做夢、迸發靈感、預知即將發生的事情等，只不過我們會隨著年齡的增長，漸漸失去ESP的能力，我們會因為社會環境，改為專注於左腦β波的理性邏輯發展。西瓦當時認為，我們遇到的問題只會越來越複雜，一旦發生資訊不足、又要下判斷時，便可以運用直覺力來做決定，喚醒心靈天賦，以降低決策錯誤風險。

## 處於 $\alpha$ 波的心念能量，顯化出想要的實相

全球暢銷書《心靈雞湯》作者傑克‧坎菲爾（Jack Canfield）也說，西瓦心靈術是他在人類潛能開發領域，所遇過最博大精深的方法之一。他進行心靈研究近四十年，參加過數以百計的活動，在他所學的眾多方法中，西瓦心靈術是最精深、淵博的潛能開發方法，如果想探索內在心靈，讓生活中不論是健康還是財富都獲得實現，西瓦心靈術是不可或缺的關鍵方法。

此方法也是筆者認為最積極的冥想工具，我們都知道，冥想是內觀審視自己，找出自己的意識與潛意識一致性的方法，之後放掉任何意念，追求空無。

西瓦心靈術能讓自己快速將想要實現的目標，透過心靈圖像化的方式，讓大腦處於 $\alpha$ 波狀態，進入潛意識，改善潛意識的運用方式；創富心靈術則專注於潛意識的溝通，將我們心中所想的財富情境投射到心靈螢幕上，強化潛意識中的信念，來實現我們的財富。

書中一直提到的 $\alpha$ 波，其實就是腦波的一種，是腦神經細胞在執行工作時，形成如電波般的能量，科學家運用腦波電力測量器測得腦

波有四種類型：δ波、θ波、β波和α波。

🐾 δ波：3Hz以下，這是處在無意識狀態、深沉睡眠、昏迷與麻醉時，所釋放出來的腦波，屬於無意識的世界；δ波又因頻率最慢，被稱為熟睡中的腦波。一般2歲以下嬰幼兒所釋放出來的腦波便是δ波。

🐾 θ波：4～7Hz，屬於熟睡和覺醒之間的腦波。θ波在潛意識層運作，會大量分泌出「腦內荷爾蒙」，當我們經歷快感和痛苦，深沉冥想或靈感湧現時，都是由該腦波運作。6歲以下學齡前的幼童，一般都處於θ波下。

🐾 α波：8～13Hz，被稱為放鬆波。科學家發現，α波會產生快樂感、幸福感、直覺力，湧現創意……等，但成年人在α波下容易感到昏沉、想睡覺，一般腦波節奏越慢，心情就會越平靜、鎮定。12歲以下兒童常處於這種α波，因為小朋友很容易快樂、忘記憂愁，有無窮的精力，想像力相當豐富，能集中精神玩遊戲或玩具。

🐾 β波：14～30Hz，這是正常情況下所釋放出的腦波，但因為現代人工作壓力大，所以此波又稱為壓力波。β波頻率最快，在意識清楚時會積極運作，我們有90%的時間都處於這個狀態上；且如果腦波頻率快到每秒鐘30～35Hz，就容易產生精神疾病。在β波下，我們會與他人掠奪，在α波，我們卻會為彼此祝福，因此，我們要設法減少β波，將β波轉變為α波，以愉快的心情去面對工作和生活。

隨著我們的年齡不斷增長，左腦會越來越發達，致使右腦的能力漸漸被封存起來，只有極少數的人，如科學家、藝術家、成功的商人及運動員，仍能積極開發自己的右腦，隨意將腦波轉到α波，使靈感源源不斷地流入腦內。

也有人左、右腦會經常發生衝突，而左右腦部協調所引起的典型

文明病就是自律神經失調，患有該病徵的人，代表他平時累積過多的慢性疲勞、左腦使用過度，這也是為什麼有些人自律神經失調時，必須進行催眠治療，藉由活化右腦來改善。

現今的神經科學家與心理學家已研究證實，大腦對外在事件的經驗與感受，可以透過特定的訓練來不斷重組更新，藉由冥想調整腦波，使大腦處於 α 波狀態。

經常處於 α 波狀態能引導出人的潛在腦力，使記憶力、專注力提升，讓靈感、創造力得以發揮，使身心健康，自然治癒力增強。當我們時時處於愉悅與平靜的情緒下，充滿正能量，根據量子力學的理論，心念能量會將我們的實相顯化出來，夢想及目標得以成真。

| 腦波 | 每秒頻率 | 別稱 | 出現時機 | 情緒反應 | 健康狀態 | 年齡 |
|------|---------|------|---------|---------|---------|------|
| α 波 | 14～30Hz | 放鬆波 | 放鬆 愉悅 | 快樂感 幸福感 | 修復身體機能 分泌腦內啡 | 12 歲以下小朋友 日常狀態居多 |
| β 波 | 8～13Hz | 壓力波 | 日常 清醒狀態 | 緊張 壓力 | 頻率越高，免疫力越低，較容易患有精神疾病 | 12 歲以上 日常狀態 |
| θ 波 | 4～7Hz | 佛陀波 | 睡眠 覺醒 | 深度冥想 | 深層修復 身體機能 | 6 歲以下幼童 日常狀態居多 |
| δ 波 | 3Hz 以下 | 休息波 | 深眠 | 無意識 | 補充 每日元氣能量 | 2 歲以下 嬰幼兒狀態 |

## 創富心靈術結合夢想板，心想事成的威力

有很多人之所以無法得到幸福、達成夢想，原因在於對心智技巧的運用上，能力有些不足，不懂、也不認為自己可以和宇宙能量連結；再者，對於所謂的細胞記憶（前世記憶），是否影響我們的健康

與生命藍圖，這可能都得打上問號。

且我們身處的外在環境中，生活壓力大、工作緊張，很容易導致失眠、產生頭痛等症狀，這些都是讓我們心思無法沉澱，需要打開內在潛意識，開啟幸福及擁有健康身體的原因。

只要瞭解上述，就能理解心靈力量的重要性，尤其是當我們學會創富心靈圓夢術，每天只要花十分鐘的時間，就可以運用潛在的力量和宇宙能量，來達成我們想要的心願，並改善健康，創造美好的幸福生活。

以往我們可能感到懷才不遇，沒辦法吸引我們想要的好運到來，但只要學會創富心靈圓夢術，將能協助我們創造更多巧合，還能與不同的對象進行心靈溝通，化解種種好或不好的因緣，提升我們的人際和工作關係。

我們往往會因為一個決定而影響自己的一生，且現今教育著重於理性思考和分析，忽略了天生的直覺能力去處理問題；但創富心靈圓夢術的直覺訓練，可以重新開啟我們本就擁有的直覺能力，讓日後生活、工作若遇到問題時，能做出明智的決定。

潛意識權威約瑟夫・墨菲（Joseph Murphy）博士曾說，潛意識有一項特徵，它能產生預言或預知夢。很多時候，我們在做決策時，客觀情報可能有限，但當下又非得下決定不可，這時若運用創富心靈圓夢術，便能充分發揮直覺力做決定，是讓我們在時間不足時，又能做出決定的絕妙方法。

使用創富心靈圓夢術，唯一要做的就是給自己十分鐘的時間，運用3至1法，進入 $\alpha$ 腦波層，強化潛意識對心靈螢幕的掌握，並訓練、強化自己的直覺能力，讓生活、工作遇到問題時，能立即做出明智的

決定。

創富心靈術也能結合夢想板，一樣在每天睡前、起床時，利用十分鐘的時間，讓大腦進入 $\alpha$ 腦波層，然後進行感恩冥想練習，回想夢想板上的每個圖案，想像每個圖案實現的場景與狀態，結束時感恩上蒼、宇宙，讓自己得以實現夢想。

感恩冥想的練習步驟前文有教過，請找一個不被干擾的地方，雙腿盤起坐下，將姿勢調整舒適，但不能讓自己舒服至睡著。把眼睛閉起來，眼球稍微向上20度左右，嘴巴呈微笑狀，可稍微打開並將舌頭微頂至上顎，讓氣場流暢，接著將全身的器官放鬆，依序進行感謝。

然後結合夢想板上的目標，想像各目標實現時的場景，與潛意識對話，心中默念「對不起、請原諒我、謝謝你、我愛你」，最後將注意力放回呼吸。

運用創富心靈圓夢術，使我們進入潛意識，將我們想達成的目標，透過潛意識傳送到宇宙之中，讓宇宙意識協助我們實現心中所願，提升直覺力，知道該如何解決問題。

夏威夷療法「Ho'oponopono荷歐波諾波諾」同樣也有提到，主要透過清除潛意識的記憶（業力），讓自己呈現在零極限的狀態，也就是佛家常提到的「空性」，這樣靈感便會自然而然地傳遞至我們腦中。

筆者跟大家討論這麼多，不曉得你是否會有個疑問產生，那就是心靈術所談的直覺力，與夏威夷療法「Ho'oponopono荷歐波諾波諾」所說的靈感，好像都可以解決問題，但兩者之間的差別在哪？

創富心靈圓夢術的直覺力來自於潛意識，是從過去記憶的資訊中，找到可用的訊息；夏威夷療法「Ho'oponopono荷歐波諾波諾」所

說的靈感，則是將潛意識過去記憶的資訊刪除，顯現出「神性」，在神性狀態下產生全新訊息。

但如果不是基於解決問題來探討兩者的差異，而是從量子力學的宇宙法則，來協助我們創造、調整客觀條件，那這兩個方法都是透過潛意識來傳遞宇宙意識（神性智慧），讓宇宙的力量協助我們調整。

根據筆者實際操過的心得，建議讀者每天使用夏威夷療法「Ho'oponopono荷歐波諾波諾」進行清理，若時間允許，更可以隨時進行清理，雖然在日常生活中，無法常進到 $\alpha$ 波，但即便是在表意識狀態的 $\beta$ 波，你還是可以默念「對不起、請原諒我、我愛你、謝謝你」，這段話一樣能影響到潛意識，不會全然無效，同樣能清理累世的業力，讓我們朝「空性」的狀態邁進，神性靈感還是有機會在我們需要的時候誕生。

但靈感不是你突然想到、說到，就能隨時產生的，當我們要處理或解決一個問題的時候，運用創富心靈圓夢術，較能產生直覺力，及時提供我們所需要的力量，當然，兩者一起使用的效果會更大。

## 單元練習

### 夢想板結合創富心靈術練習

　　每天睡前、起床時，花個10分鐘讓自己大腦進入 $\alpha$ 波，進行感恩冥想練習，回想夢想板上的每個目標，想像目標實現的情景與狀態，結束時感恩上蒼、感恩宇宙，讓自己實現夢想。

　　感恩冥想練習步驟如下。

🏷 請找個不被干擾的地方，雙腿盤起坐下，將姿勢調整舒適，但不能讓自己舒服至睡著，然後把眼睛閉起來。

🏷 眼睛閉起來後，請讓自己的眼球稍微向上約20度左右，嘴巴微笑、稍微打開，舌頭可以微頂上顎，讓氣場流暢。

🏷 全身放鬆，首先將頭皮放鬆，謝謝頭皮，感受頭皮微微打開的感覺。接下來額頭，謝謝額頭，感覺自己額頭也鬆下來，依序將各部位放鬆，並加以感謝，感覺全身上下放鬆。

🏷 從1數到10，使自己更進入到放鬆狀況：1、2⋯⋯10，身體已完全放鬆。

🏷 現在，請想像夢想板上每個目標實現的情景與狀態，結束時，感恩上蒼、宇宙，讓自己實現夢想。

　　接著，請開始觀想從頭頂上有一束白光往下照射，我們的頭、各個部位，從喉嚨、脖子、胸口⋯⋯一直到腳趾，都有充分照射到，想像白光布滿全身，然後對自己說：「是我潛意識中的哪些資訊，導致失敗、恐懼、害怕情緒？」然後在心裡默念「對不起、請原諒我、謝謝你、我愛你」，最後，將注意力回到呼吸上。

每天持續練習，可以放一本筆記本在身側，一有靈感便趕緊記下來避免忘記，事後好好運用這些靈感、直覺，將其視為達到夢想、目標的重要方法。

精華*Review*

- 有效運用「Ho'oponopono荷歐波諾波諾」、冥想和創富夢想板與創富心靈術,能發揮潛意識作用力,實現我們追求的創富目標。

- 宇宙在等待一個有意識的心念,用心靈與意識將能量聚合成實體物質,這也是為什麼我們的想法,其實才是影響人生的關鍵。

- 想改變財富狀態,就要創造出擁有財富狀態的新心境,用新的心靈來觀察新的結果,一旦我們的行為和量子場呈同樣的震波,那財富就會自行找到我們。

- 很多人說時間久了,傷口就會療癒,但其實不一定,因為我們可能仍會被過往情緒的負面能量佔據,這種負面能量就是阻礙我們達到創富夢想的關鍵。

- 如果你的潛意識認為自己不值得擁有財富,即使你很容易吸引財富,也無法有效管理,很快就會散去,因為表意識與潛意識的信念不同。

- 真正主宰習慣與改變的是潛意識,若從意志力的角度來激勵、改變,是不容易成功的。

- 夏威夷療法主張問題來臨時,不要對這些事情進行批判,我們首要做的就是清理這個記憶(業力),我們內在的光(神性智慧)會協助處理我們累世的記憶(業力),幫我們實現夢想。

🏷 透過冥想會形成同調性的腦波，讓我們真實體驗到感激與喜悅滿足的狀態，宇宙龐大的能量將創造實相回應，許願者便能實現自己的目標。

🏷 愛因斯坦最大的發現其實不是相對論，而是——想像力比知識的力量更強大。

🏷 創富心靈術專注於與潛意識溝通的方式，將我們夢想的財富情境投射至心靈螢幕，強化我們潛意識的信念，來實現我們的財富。

🏷 人生其實並不缺乏外求的機會或工具，反倒缺乏更多內在的平靜、愉悅與愛。

🏷 當一個人潛意識的核心信念經過調整，將負面情緒釋放掉後，在出於愛的夢想、目標下所做的夢想板，宇宙將在這個人努力實現目標的過程中，顯化出其想要的實相。

Chapter

3

# 外在創富，
# 讓夢想得以付諸

# 建立富有國際觀的商業模式

　　有靈感或直覺的時候，除了將靈感記下來，循著自己的感覺寫出要做的事情外，如果有其他更好的方法，能有系統地協助你，提供確實可執行的步驟，這對尚未思考好如何落實的人來說該有多好呢？如前面章節所說，目前的教育過於重視左腦的邏輯分析，隨著人的年齡不斷增長，左腦只會越來越發達，右腦的能力將慢慢封存起來。

　　但傑出的科學家、藝術家、商人及運動員，仍能積極開發右腦，隨意將腦波轉到 α 波，使靈感源源不斷地流入腦內。所以，左右腦整合的這種全腦式運作，可以協調左右腦，減少現代人自律神經失調和其他各種各樣的慢性疾病產生，接下來，就來跟讀者介紹幾個將靈感、直覺轉換運用的商業模式。

## 左右腦並用的未來藍圖

　　日本全腦思考學習法的行銷專家神田昌典，曾提出一個〈未來藍圖〉的概念工具，可協助將靈感轉化為實際可行的步驟。

🍃 藉由創作故事，來推廣靈感或直覺。

🍃 寫故事時，希望終點目標是120%幸福、笑臉的圖像。

🍃 將想像的故事與現實課題連結，找出可執行的行動劇本。

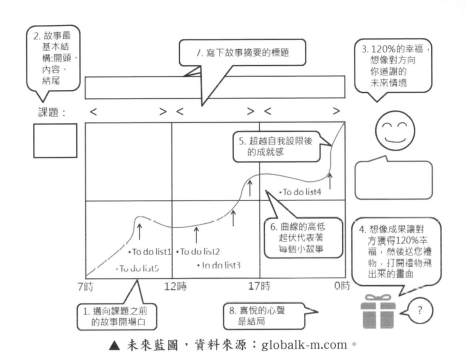

▲ 未來藍圖，資料來源：globalk-m.com。

　　這是有時間軸換主題組合成的圖形，橫軸是時間軸，代表從現在到未來達成課題時的流動時間；縱軸為達成度。曲線越往下，就代表你遇到阻礙或產生一些瓶頸，不再朝向理想的未來前進；曲線越往上，代表產生積極的變化，從維持現狀開始走向理想的未來。

　　那要怎麼畫圖呢？請隨著自己的感覺，從左下角朝右上角畫一條曲線，區分出兩個部分，曲線下方是「想像範圍」，針對目標說個有劇情的故事；曲線上方則為「現實範圍」，以想像範圍中的故事為架構，描寫出能達成現實課題的劇本。

　　而在這個未來的藍圖中，有兩個步驟可以將故事變成實際可行的劇本，首先，將關鍵字圈起來，請圈選十個以內，不用搞得太複雜，自己都意興闌珊。再來，將最在意的關鍵字聯想成與現實生活有關

的行動，關鍵字可能是遇到瓶頸，但也有可能落在開心、積極的時間點，這時我們可以利用聯想法，對關鍵字進行發想。

🍃 第一點，從第一印象（Impression）進行聯想，也就是看到A就想到B。例如，一看到腳踏車會聯想到環島旅行。

🍃 第二點，回憶（Experience）最初體驗，一看到關鍵字就想到人生回憶之類的。例如，寫書時回憶起小時候在寫作文。

🍃 第三點，一語道破（As is），這個關鍵字本身就是一個行動方案。例如考試，表示未來藍圖要有考核、測驗的方案。

🍃 第四點，玩文字遊戲（Play），例如合作，聯想到平台設計，讓大家能共同合作。

🍃 第五點，調查、探索（Search），例如關鍵字是新商品，然後聯想到調查興趣、需求、記者說明會。

🍃 第六點，自我解釋（Reveal），看著關鍵字，閉起眼睛看會浮現什麼圖像，這就是潛意識告訴我們的答案，也就是行動方案。

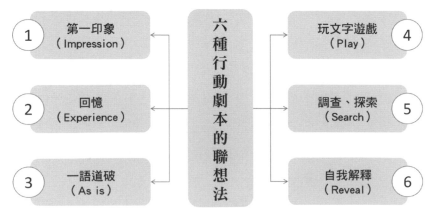

▲ 六種行動劇本的聯想法

一有想法就寫在曲線上，想不出來時請不要糾結，繼續朝下一個關鍵字進行，不要企圖找出完整涵義，這就好比拼圖，可暫時先把拼圖放在可能的位置，有了完整方向後再回顧，這樣你就能在原本支離破碎的拼圖中，發現嶄新的世界，在短時間內大幅超越，跳脫以往的框架及認知。

## 左、右腦並用的商業模式雙贏法

還有另一種將靈感或直覺轉變為可以賺錢的方法，那就是左右腦並用的商業模式雙贏法。筆者先稍微說明一下何謂商業模式，商業模式就是滿足顧客，為公司建立獲利架構，可謂企業的設計圖。

換個方式說，建構商業模式需要考量：顧客價值提案、獲利設計、流程實踐等三部分，每一個都對企業相當重要，若沒有顧客價值，就無法擁有獲利，將失去企業的目標，因此顧客價值與獲利是商業模式的重中之重，流程則是實踐商業模式的程序。

談到商業模式，筆者也相當有心得，過去十多年來，我曾輔導超過三百家以上的企業，得出一個心得，模式對顧客越簡單就越容易模組化。尤其我一直強調，現今的教育體系過度重視左腦的邏輯分析，失去右腦創意、靈感的培養，所以，我才想向各位分享能讓左右腦並用的方法。

此方法就是日本知名管理顧問川上昌直博士先前提出的商業模式雙贏法，此左右腦並用的商業模式可分為兩列，左列為左腦概念，強調邏輯運算上的掌握，關注在「獲利」；右列為右腦概念，思考方向較感性，關注在顧客價值，其又可再分為三列：上、中、下。

　　若以左腦邏輯性的方式思考，因為著重於「獲利」，所以上列問題是從誰身上獲利；中列問題是靠什麼獲利，清楚劃分出可以獲利及無法獲利的商品與服務，答案就明顯浮現；下列問題是說在什麼時間點獲利，購買時收取費用？還是販售後再收取費用？

　　若以右腦的概念來想，則強調情感上的連結，關注在「顧客價值」的問題。上列問題鎖定處理哪一類任務的顧客，重點在處理的任務，而不是顧客需求；中列問題向顧客提出何種處理方案，是解決顧客任務的商品方案；下列問題則是要清楚表現出公司與其他同業有何不同，包含標語及價格設定……等細節。

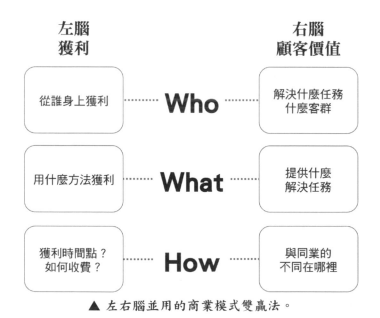

▲ 左右腦並用的商業模式雙贏法。

　　右列的顧客價值提案很容易被誤解，顧客通常是在某種狀況下，為了解決問題而購買商品或服務，相對地，如果顧客的問題我們沒辦法滿足，那顧客就會轉而尋求其他替代方案、商品或服務。

所以，這邊要釐清顧客之所以會購買產品或服務，大部分的狀況都不是因為想要這個產品或服務，而是因為想解決某個任務才會購買產品，因此，處理客戶的問題，讓他們有好的感受才是關鍵。

　　所謂著重在顧客任務，最重要的關鍵是未解決的任務，如果我們的商品或服務，無法完全解決顧客任務，那其他同業就會把機會搶走，所以，解決顧客任務有個很重要的原則，從顧客購買、使用與使用後這一連串的流程，都必須站在顧客角度思考，從更高的視野來看顧客這過程，也就是顧客活動鏈。

　　顧客活動鏈我們可區分為購買階段、解決任務階段、持續階段。而購買階段可簡要區分為五個次級階段：了解問題、鎖定主題、牢記關鍵字、尋找解決辦法及購買等五個；至於解決任務階段則可分為三個次級階段：使用、熟悉操作方式、解決任務；持續階段也可區分為三個：增購、續購、升級。

| 主題 | 購買階段 | | | | | 解決任務階段 | | | 持續階段 | | |
|---|---|---|---|---|---|---|---|---|---|---|---|
| | 了解問題 | 鎖定主題 | 牢記關鍵字 | 尋找解法 | 購買 | 使用 | 熟悉操作方式 | 解決任務 | 增購 | 續購 | 升級 |
| 方案一 | | | | | | | | | | | |
| 方案二 | | | | | | | | | | | |
| …… | | | | | | | | | | | |

　　在顧客活動鏈上，並不是看商品或服務本身，而是必須找出產品或服務中，尚未解決顧客想要或不滿的地方，針對該方案能解決的部

分打「✓」，如此一來，就能清楚知道哪種方案對顧客有幫助。

筆者之所以特別提出這個顧客活動鏈，是要讓讀者明白，做生意不能單從企業的角度來看，還要能從解決客戶任務的角度出發，看如何順利收到錢，釐清企業和顧客的活動、目標，兩者間是否有落差。

簡單比喻一下，企業活動是進貨、管理、販賣，最後看是否能達到獲取利益的企業目標；顧客則是購買、使用、解決任務，最後也看一下是否有達到消費者的目標。若再從時間點的角度出發，企業賣出商品與服務，剛好是顧客進行購買與使用的開始。

所以，你所建立的商業模式要簡單易懂、好操作，而要好操作，就要從中設計習慣性忠誠，所謂的習慣性忠誠就是讓客戶喜歡、便利性又高。

相信大家一定都有聽過王永慶賣米的故事，從客戶的角度來看，他們為什麼會願意持續向王永慶買米？這是因為交易相當方便，王永慶降低了消費者的交易成本，讓客戶可以毫不費力地添購米，自然願意持續與王永慶建立長期關係。

但這也顯示出許多企業對客戶銷售端的盲點，企業投入許多時間、資源在為客戶創造優良的購物體驗上，根據美國CEB商業調查，研究公司的「客戶意見調查」，進行全球上百間企業的分析，發現客戶心中真正想要的，其實是更貼切、容易達成和可複製、經濟又許可的交易，而且最好是毫不費力的交易體驗。

一般總會有一種迷失，認為客戶服務目標就是要超越客戶的期望，唯有超越客戶的期望，才是有效提升客戶滿意度與忠誠的方法，但調查結果卻將原先的認知徹底推翻，客戶心中對企業的忠誠度其實是——請給我方便。

在CEB的調查研究中，發現消費者對所謂企業獨特性、差異化的看法，其實只有20％的公司讓他們覺得與眾不同，其他的感覺大同小異，沒什麼差別。所以，服務、交易上的便利性，對客戶而言是相當重要的，企業要思考如何避免客戶在交易結束後，不會產生任何後續的問題，讓客戶不必再打電話詢問……等等，這種降低客戶反覆作業的服務，才能有效減少客戶流失。

顧客就是因為有問題產生、想解決，才會萌生購買商品或服務的念頭，但企業大多不會追蹤顧客購買後，他心中的問題或煩惱是否有確實解決？

例如，規劃家庭式的園遊會，將文創商品賣出，若套用商業模式雙贏法，預計使用免費入園的噱頭吸引消費者，在體驗活動上獲利，但我們要在體驗時就先收取費用，還是在販售後呢？

這時就要用右腦思考，強調情感連結，關注顧客價值，上列問題鎖定處理哪一類任務的顧客，但你要注意，這是處理任務，而不是顧客需求；中列則向客戶提出處理方案，確實解決顧客問題；下列則是清楚展現出自己與競爭對手的不同。此商業模式雙贏法能使你設想得更為完善。

## NLP迪士尼策略讓思考變客觀

上述這兩種左右腦思考法，能將靈感或直覺轉變為確實可賺錢的商業模式，但如果你覺得上述方法還是有點困難，思緒混亂、壓力很大，希望思考方案能更簡單、客觀些，這時你可以考慮用迪士尼創意策略，迸發出極具創意的解決良方。

　　此方法源自於全球最知名的電影人華特‧迪士尼（Walt Disney），這是他在創造動畫片時所運用的訣竅，迪士尼策略中有三種角色，分別是提出創意的「夢想家」、執行計畫的「實踐家」，以及提出問題的「評論家」。

　　「迪士尼策略」就是運用這三種角色來創造出富有創意、實際與零缺點的夢想與結果。夢想家會思考「想做什麼」、「做了之後會獲得什麼」，在這個階段不需要考慮可行性，最重要的是要能自由想像；實踐家思考「該如何做」、「什麼時候和什麼地點，以及該由誰來做」，他們會篤信夢想家所描繪的夢想是可以被實現的，並依據夢想家提出的夢想，來訂定策略與作法；評論家則會思考「計畫哪裡不夠完善」、「是否有考慮到其他人的想法」、「理想和現實的落差與問題是否明確」，評論家會站在第三者的角度進行思考，就事論事，針對計畫本身進行論述，不會因為「人」影響評估結果。

　　現實生活中，要實現夢想與結果，這三個角色都是不可或缺的重點人物，華特‧迪士尼曾說，他擁有夢想家、實踐家、批評家這三個情境的房間，每次都會在這三個房間來回走動，才讓他激發出如此驚人的創意。

　　而這個方法在我們的事業發展過程中，也有特別深的含意，筆者簡要說明一下步驟。首先，請先訂出一個夢想（議題），然後在心中建立起三個假想空間：夢想家、實踐家及評論家。當我們踏入夢想家的空間時，要充分發揮想像力，盡情揮灑夢想，建構夢想中的情境，然後請別人幫你把所有的構想都記錄下來，如果沒有人幫忙，那就自己記錄也沒關係。

　　接著，請跳脫夢想家空間，將原先的角色情緒抽離，調適完畢之

後，就可以進入實踐家，體會一下夢想的現實情況，同樣將體會結果記錄下來，之後跳脫實踐家思想。

最後，請進入評論家的空間，先評論整個夢想的情況，再分別對夢想家及實踐家的構想及意見加以評論，提供改進的建議，當然，同樣要將評論家的結果都記錄下來，然後跳脫、中斷情緒。

輪完一次後，請再次踏入夢想家的假想空間，並根據上一輪的建議，將最初的夢想予以修正，然後進入下一個角色……這樣的過程需要重複三次以上，直到評論家接受夢想為止，確認夢想確實可執行、實踐。

這個活動主要是讓自己能從不同的立場進行思考，全觀性地看我

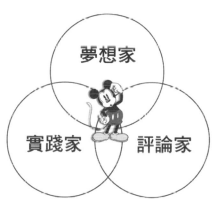

▲ 迪士尼思考策略的三種角色。

們的目標、想法是否完善，同時也讓我們在做任何事情時，不會一股腦地往前衝，能更嚴謹地從不同角度考慮，對我們創業或建立商業有莫大的幫助。

## 具備國際觀的商業模式

很多人都在談商業模式，但規劃好商業模式後卻走不出去，無法進軍國際市場，為什麼？談到國際觀，一般都會聯想到國際化，例如品牌授權、技術授權，或在國外尋找代理商。這其實是很棒的想法，以終為始的思維，但要走到品牌國際授權這目標，還是有些重點需要

考慮，商業模式裡有四個基本元素是在剛開始設計商業模式時，就要先留意探討的。

###  價值信念感動員工，成就彼此夢想

日本知名餐飲顧問吉田文和認為，經營理念應是貫穿餐點、服務、價格……等，為構成一間店所有要素的支柱。許多長青企業之所以能持續保持榮景，從表面上看，可能是這間企業有持續熱賣的商品與服務，但深入了解，會發現造成持續熱賣的原因並非表象，而是願景與理念都有滲透到員工心中。

全球連鎖酒店品牌「麗思卡爾頓（Ritz-Carlton）」相當重視員工與公司價值的整合，每日廚房的交班作業，行政總主廚都會宣讀公司理念，向員工講述創造顧客體驗的重要性，並跟大家分享近兩天所發生的案例，利用實際案例帶出消費者與酒店的關係，間接強化酒店的核心價值，讓員工能試著思考該如何改善工作，創造更好的消費體驗，最後以鼓勵、激勵大家做結束。

這種再小不過的管理機制，看似沒什麼，但這其實才是各家企業應該關注的重點，在日常細節中便把可能發生的問題避免掉，每日1％的進步，將成就未來100％，甚至是200％的成長，讓員工看到公司的希望，那自己必定也會有發展性，看見未來。

每個人都可以透過努力學習、熱情，實現自己的夢想，所以，若要具備國際觀的商業模式，應先設計好經營的願景與理念，將之徹底深植至員工的心中，奉為圭臬。

## 建立標準作業流程，推向客製化

展望所有跨國企業，通常都奉行標準化，標準化作業的重點在於解說、示範、試做、回饋等四步驟。解說是執行時所能依據的標準書、程序書、檢核表等，逐條解答說明並告知關鍵點；示範則是先行演示；試做是讓對象親自體驗、執行；回饋是讓作業者能受到激勵，繼續朝目標邁進，使目標更完善。

針對共同且經常使用的作業方法與流程，將其有系統、有條理地用文字表述出來，訂定為SOP的作業規範，並定期進行檢討，循序修訂，取得大家的共識。

當標準化開始運作，接著就可以進入制度化與資訊化作業，將原本需要很多人力完成、檢核繁瑣、易出錯及需要記錄下來的數據，都透過電腦取代，加以簡化，並設計防呆、自動檢核機制等預防措施，讓作業能更有效率。

 ## 以專業分工建立起國際合作的模式

國際觀的商業模式，強調從核心價值觀出發，將建立流程管理標準化，專業性也從原先的各自承擔走向專業分工，每個專業分工都考慮到業務範疇是否屬於自己的優、劣勢。

倘若是優勢，那就深化，如果是劣勢就借力使力、找外包，讓自己的商業模式更具競爭優勢，同時也找出哪些項目可以分工，從中與各家企業建立合作關係，強化彼此在市場上的力量。

 ## 提供合作對象在品牌價值上的對價關係

在不考慮出售公司的情況下，一般都選擇將品牌授權出去，向對

方收取授權金，而一般授權金可簡單區分為加盟金與技術權利金（有少數的計算方式是將履約保證金、生財設備與周轉金包含在內）。加盟金的計算一般包含幾個項目，如商譽、加盟管理系統Know-How、店鋪商圈調查、教育訓練費用等等；而商譽的計算方式則與年營業利潤的倍數有關；加盟管理系統Know-How與銷售金額的百分比有關；店鋪商圈調查則包含調查技術費用與人力成本計算，最後教育訓練則依據訓練成本、次數進行計算，當業者清楚這些內容，也會對總部的權利義務工作更具概念。

權利金有兩種計算方式，第一種方式是以項目來進行計算，此計算方式涵蓋門市指導、教育訓練與支援合作對象的成本；第二種方式是以營業額或毛利來計算，這兩種方式計算出來的金額會是一樣的，只要評估哪一種對自己較為便利，取其一作為計算方式。

如前所述，以終為始能讓我們在一開始規劃設計時，更具國際化的彈性，如電腦硬碟升級，提供可擴充的條件，避免一開始就卡住、無法動彈，連升級的機會都沒有。筆者簡單提供以上四點，讓讀者將靈感與直覺轉變為具有國際觀的商業模式時，有個可以參考、依循的方向。

## 單 元 練 習

### 商業模式練習

　　請試著用左右腦並用的未來藍圖或左右腦並用的商業模式雙贏法，將自己的靈感、直覺想法套入應用，如果團隊成員人數較多，可搭配迪士尼策略，來逐步修正想法。

# NLP目標框架引導，
# 助你有效建立願景

　　《第五項修練》作者彼得・聖吉（Peter Senge）提到，企業經營有項很重要的修練是能否建立共同的願景，讓公司全體同仁有共識，在願景目標上，是否有兼顧身旁的家人、事業夥伴與社會責任，以達到更好的雙贏局面。工作與事業的生涯中，隨著時間與能力的提升，應從努力工作提升至聰明工作，最後再發展至智慧工作。

　　且不僅企業如此，對我們每個人來說亦同，許多人對於自己想要的人生並不是很明確，只要問問身邊的朋友：「你人生中最想要的是什麼？」他可能想了許久才答出一個答案，且答案還說得很模糊，像是擁有多少錢、住多大的房子、買什麼好車……等回答，這便是他們人生中最想擁有的。

　　物質對我們來說，或許確實是我們想要的東西，但不一定是內心真正想要的，只是大多數的人會忽略這點，像你之所以會想要錢，可能是因為內心想要安全、平靜，而錢便是可以帶來平靜的一個辦法，因而自然而然地認為自己最需要錢。

　　倘若內心並不是這麼明確，相信你怎麼想也無法得出答案，所以對人生目的不甚了解的人，通常會將話題焦點集中在他人身上，例如我的小孩怎樣，我先生（太太）、姊妹淘、同事如何；但如果你長期抱持著這樣的想法，未來與他人產生衝突與問題時，很容易使自己

受到傷害、感到挫折，認為自己付出這麼多，為何對方會這樣對待自己，若在心中產生芥蒂無法紓解，就會變成責備與怨恨。

##  NLP目標框架結合「聽」與「問」

會產生上述問題，真正的原因其實在於自己，我們要認清自己的人生目標是什麼？NLP特別重視人生目標，針對一個人心中所期望、想要的東西，進行人生引導，創造出屬於自己精彩、卓越的人生。所以，在NLP訓練中，常會提出一個目標設定的方法，協助學員利用八大框架來設定自己的夢想，尤其重視聆聽的技巧。

一般人所想的聆聽可能在於「聽」，之前筆者也聽過一位知名成功學老師說，聆聽強調的就是「聽」，但這跟NLP所提到的積極聆聽不同，你不能只是被動地「聽」，單方面接收他人說的話，你還要向對方提問才行，好比說「你的想法是什麼？」、「你的感覺是什麼？」、「你的情緒是什麼？」這八大框架會結合聆聽技巧來進行提問，引導對方說出真正的答案。

### 你可以具體說出未來幾年自己想要什麼成果嗎？

我們談的幾年後，通常可分為一年、三年、五年，甚至是十年，時間越近，我們越可以清楚地勾勒出來；時間較長的話，就不大容易填寫。但這時可以試著將成果量化，這樣便能更準確地表達出來，可能是一年三到五個成果、三年一到三個成果、五年一個成果。

你的成果不一定要多，就算只提出一個也行，但這唯一的成果要具備一些挑戰性，試著將目標寫大一點，讓自己達成後，有種

「哇！」的感覺，充滿成就感。

 **如何確定自己已達到成果呢？**

這是指要將目標完成後的成果具體化，以能夠衡量為主，例如希望財務自主。所謂的財務自主要如何衡量？投資收入所形成每月或一段固定時間後，可以有多少被動收入，即使不工作，也同樣會有錢進到自己的帳戶裡，讓自己能明確地衡量出是否有達成目標，這樣的成果才是好的成果。

在NLP中，有一句話非常經典：「看到你所看到的，聽到你所聽到的，感覺你所感覺到的。」當達到成果時，會看到什麼場景？會聽到誰講什麼話？感覺自己的情緒會是什麼？具體描述出來，才能讓潛意識確實朝該成果運作。

 **成果會在哪裡發生？跟誰一起完成？**

這一題是上一題更進一步的深化，這主要討論將成果更細項化。所謂更細項化就像前面章節提到的，在內心觀想，擁有一個心靈圖像，這個畫面、影像越細越好，所以時間、地點，以及會和誰互動，都要能清楚描述出來，這樣心念的能量才會更大，顯化出我們想要的結果。

 **達到這個成果時，你覺得人生會有什麼改變？**

達到成果時，除了物質會產生變化外，你更應該將重點放在心境上，達成目標後，你的心境會有什麼不同呢？能否形成一個長久的正面情緒，而此情緒對自己與正在關注的對象將會有何種影響？這其實

跟吸引力法則的道理一樣，想擁有一個好的感覺，就要先在自己身上建立一個好心錨，一想到成果，正向情緒就隨之而來。

 **你現在擁有哪些資源？你還需要什麼資源？**

這題有先後順序，請先將自己擁有的資源盤點出來，檢視自己目前擁有的人脈、才能、知識與金錢，且除了這四個項目外，每個人可能還有其他不同的資源可利用，好比土地、設備等。每個人都可以依據自己不同的資源來進行調整，這樣就能將缺少的資源羅列出來，思考該如何取得那些欠缺的資源。

| 現有資源 | | 目標成果所需資源 | | 盤點欠缺資源 | 取得資源方式 |
|---|---|---|---|---|---|
| 人脈 | | 人脈 | | | |
| 才能 | | 才能 | | | |
| 知識 | | 知識 | | | |
| 錢 | | 錢 | | | |
| | | 工作室 | | 工作室 | |
| | | 設備 | | 設備 | |

 **哪些因素會阻礙或限制你取得成果？**

這題是要你將內在與外在的原因全都盤點出來，例如，期待明年能買下兩千萬的房子，但可能會阻礙、限制你達成的因素有……

　🍪 **外在因素**：買房子的頭期款不夠，還差三百萬。

　🍪 **內在因素**：沒有信心賺到這些錢。

| 目標成果 | 外在阻礙或限制 | 內在阻礙或限制 |
|---|---|---|
| 明年買兩千萬的房子 | 頭期款還差三百萬 | 沒有信心賺到這些錢 |
| | | |
| | | |

 **得到成果後，對你有什麼意義？**

請想像已得到成果時的感受，同上述第四點，但要進行更深層的探討，試想獲得該成果，對我們的人生意義為何，再進一步思考靈性、精神層面是否有提升。

NLP所談的人生獲得成果的意義，主要目的是再次探索當事人內心的價值觀，得到這成果的重要性是什麼？進而確認該成果是否為當事人內在渴望擁有的想法，當事人的意圖才是成就非凡的動力來源。

 **你第一步應該採取的行動是什麼？**

到了第八步驟，是具體提出行動力的方法，應該採取的行動是什麼？思考這個問題時，要與第五點跟第六點綜合考量，提出具體可行的行動計畫。

筆者一般在向學員提出問題時，會形成兩種狀況，大部分不是心中已有答案，要不就是無法回答，我們可以看到，大多的問題其實都是直指人心的，如果自己過去都沒有想過，那在這八大框架上，可能會駐足停留許久，對內心產生許多衝擊。

所以，請找個安靜的地方，細細咀嚼每個問題，拿出空白紙，好好詢問自己的心，然後寫下來，這不是作文比賽，沒有分數高低，只

與自己的人生目標有關，若想確實改變自己，請務必認真思考問題的答案。

## 目標管理前，先幫助團隊清理業力

一般談到企業管理，例如每間公司到了年底，都會規劃明年度的目標管理計畫，在規劃的過程中，大家可能對目標、計畫、方案都無異議，彼此都能接受，但實際執行的時候，往往又產生許多問題，各方都會跳出來發表意見，導致原先設想好的目標無法達成。

所以，即便是目標管理，也要搭配相關的配套措施，例如績效管理制度、提供獎金為誘因……等，讓團隊成員真的賺到想要的財富，但還是有可能以失敗收場，因為企業是團隊集體運作下的產物，除非公司的團隊成員能超越表意識，也就是超越意志力，在潛意識或無意識的狀態下運作，才有可能展現出超乎預期的期望。

一般企業的經營者需要面對股東的獲利要求，所以不可能提供非常優渥的獎金制度，否則面對股東、投資人的壓力時，會讓經營者難以決定，這也是為什麼激勵、潛能激發等，在企業內部運作是相當具有難度的，若想有所成果更是困難。

談到設定目標、製作計畫這種管理模式，以夏威夷療法「Ho'oponopono荷歐波諾波諾」來說，要先清理團隊的記憶（業力），且必須持續清理才行，因為一個團隊的人可多可少，光你自己就不可能一次清理乾淨，更何況是一個團體呢？如此一來，你的神性靈感才能被展現出來。

而靈感來自宇宙法則，這是相當珍貴且正確的訊息，因此，我們

要依據靈感來設定目標，規劃出計畫方案，以提高成效，團隊也會因為我們持續清理記憶，讓彼此的工作效率提高、事半功倍。

但前提是你要有靈感，如果過程中，始終無法產生靈感，就要回頭思考是哪段記憶阻礙靈感的產生，持續進行清理，在清理的過程中，也別忘了運用財富心靈術產生目標與計畫、方案的直覺力，讓直覺力引導我們管理目標。

過程中，靈感可能會與直覺力交叉相互產生，使我們無法準確區分靈感與直覺力，但我們無須理會這個牽絆，只要相信自己與團隊，隨時進行夏威夷療法「Ho'oponopono荷歐波諾波諾」的清理動作即可，然後先針對有想法的部分執行，這樣絕對比沒有經過清理所訂出來的目標、方案及計畫，來得更有幫助。

## NLP心錨練習法，與你的內心對話

許多時候，我們的心態就好比一艘船，在情緒的浪潮中隨波逐流，情緒起伏全由波動決定，我們無法自主。而NLP技術中有項「心錨」應用，是一種能勾起回憶，進一步影響我們情緒的外界刺激，透過視覺、聽覺與觸覺，我們可以形成某種特定的情緒，在該情緒最強的時候果斷「下錨」，以便穩定自身情緒，這樣日後我們需要的時候，可以隨時觸發心錨，重拾適當的情緒，運用內在力量，讓人在短時間內找回正能量，快速扭轉當下負面頻率，是一種相當實用的技巧。

大腦對於特別或經常出現的經驗，會形成一條刺激迴路，這在心理學上稱為「古典制約（Classical Conditioning）」，當你記憶起一

件事物、情緒或場景時，通常會伴隨著其他條件一併出現，反之也會有相同的效果。

例如，當你聽到一首經典老歌，當年的回憶瞬間湧上心頭，而這在NLP中就稱為「心錨」，在過往經驗中，利用重溫或其他方式加入其他刺激，使你的內心產生變化。

心錨的技巧原理其實是讓身體記住某種情緒能量，當你想要使用這股被記憶下來的情緒能量時，更可透過某特定的關鍵動作，瞬間開啟這個連結，讓該記憶當初的感受瞬間湧現。

我們平常感受到的各種情緒和思想，其實都沒有消失或遺忘，只是被我們封存至內心的某個倉庫中，而心錨便是將某些特定動作與內在的美好感受做連結，使我們可以隨時透過這種連結，喚醒過去曾經的美好感受。

「心錨」這項技巧，便活用了「巴夫洛夫的狗」實驗中發現的「條件反射」機制。在十八世紀末，俄國首屈一指的生理學家伊凡・巴夫洛夫，常將狗作為實驗對象。某次，他發現只要穿白袍的助手送食物時，動物就會開始分泌唾液，不停留口水；當食物或外物進入口中，身體會自然而然地分泌唾液，這是一種反射動作，能促進消化，讓身體稀釋或排出身體不想要的物質。

而伊凡・巴夫洛夫便將此反應稱為「心理性分泌（Psychic Secretion）」，並寫道：「（把食物和容器）放在距離狗稍遠的地方，即使因為距離使得嗅覺與視覺受到影響，但還是能觸發反射性分泌，甚至只要看到平時慣用的容器，就會促使消化道反射。」

他也發現，只要助手走進來，無論手上是否有食物，狗還是會因為看到助手，開始分泌唾液，甚至只要聽到腳步聲，都會引起唾液

分泌。」因而推論狗在這些媒介之間，與食物產生了連結，只要看見就會產生期待，開始分泌唾液，指出每隻狗從出生開始，便會因「食物」這項刺激產生唾液反射，這是自然反射，也稱為非制約反射（Unconditioned reflex）。

因此，學會設定心錨，可將自己面對壓力情境所感受到的討厭或刺激，與過去曾經歷過的愉快體驗做結合，這樣下次再受到相同或類似的刺激時，就不會出現惱人的壓力，這種方法正是「改變腦內迴路」的具體表現。

 ## 成功安裝心錨的四個要訣

心錨的使用並不難，麻煩的是設定心錨需要一個過程。因為想要使用心錨，就必須讓你的身體在某種狀態下，記住某頻率的感受，而要做到這一點，必須讓身體在某種特定狀態下與那段頻率連結才行，所以必須有一個過程。

設定好之後，使用心錨的部分相對簡單多了，因為想使用心錨的時候，只要將身體擺出當初設定的狀態，就可以瞬間透過身體的記憶，連結到當初自己設定的美好頻率，使自己恢復元氣。而成功設定心錨的條件有……

- 反應必須是「強烈的」與「純淨的」。
- 心錨必須由獨特的刺激所引發。
- 必須正確掌握「刺激」與「反應」兩者之間的時間。
- 必須注意安裝心錨時的環境因素。

**心錨的設定動作**

使用心錨前，我們必須先設定一個動作，設定步驟如下。

🐚 先思考一個發動心錨的動作與口號，你所設定的動作與口號，要盡量具有正面意義，或強勁有力的感覺（例如勝利歡呼時的動作，或擺出衝勁十足的姿勢）。

🐚 在每次感到興奮、喜悅、衝勁十足或其它想記錄的正面情緒時，就擺出之前設定的姿勢，並喊出口號。

🐚 重複第二步，一段時間後，你會發現自己已經把之前的正面情緒記錄下來了，這時心錨的設定就算初步完成，只要擺出姿態，心境就會有所不同。

心錨的應用，目前已被廣泛運用在企業界、教育界、自我成長與心理治療等領域，許多幼教老師會在教學的過程中，巧妙地幫小朋友安裝心錨，幫助他們克服不喜歡的東西、食物，或減少一些壞習慣。

 **心錨設定的注意事項**

設定心錨雖然不會很困難，但仍有些地方要特別注意，以下列出幾點供讀者參考。

🐚 姿勢：在設定心錨時，不能隨便擺放動作，最好使用具有正面意義或衝勁十足的姿勢，這樣會有事半功倍的效果；如果你使用的姿態帶有負面意義，但你卻不自覺的話，可能會產生反效果。

🐚 口號：心錨的設定，除了發動姿勢外，最好同時搭配正面的口號輔助，將大大增加心錨的威力，也能減少設定的難度，例如：「耶！」、「成功！」。

🍃 特定音樂：若沒有口號，可以使用特定音樂來配合發動姿勢，這樣你能更容易將某種特定的感受設定成心錨；但壞處是未來發動心錨時，你必須配合音樂才能產生效果，方便性會大大降低。

🍃 時間：心錨的設定需要一些時間，因此你必須常常在興奮、喜悅、衝勁十足，或其它正面情緒的時候，使用你的發動姿勢與口號，這樣才能讓口號與姿勢，慢慢和這些正面感受聯想在一起，當感受與發動條件統合在一起後，心錨的設定就算完成。

完成設定後，你會發現在觸發心錨時，當初記錄的正面感受會瞬間上身，深深地體會到這個工具有多方便！但有一點需要注意，那就是心錨只是運用內在的一種技巧，若更嚴謹點形容，心錨甚至可以說是一種「高級的逃避技巧」，因為它只能協助你轉換當下的情緒狀態，只是一種移轉，無法真正解決你內在的問題，所以請將心錨當成一種「輔助技巧」，若想確實改善情緒狀態，筆者還是建議你使用夏威夷療法「Ho'oponopono荷歐波諾波諾」及創富心靈術來清理業力。

## 單元練習

### 夢想目標八大框架設定練習

　　請寫下你夢想擁有的一切，例如房子、車子、存款、伴侶、快樂、喜悅……等，感謝人生能擁有以上這些事物，願景要很清楚，若不清楚、很含糊，那你可能什麼都達不到。

　　多數人之所以會沒有明確的願景，原因在於害怕自己永遠得不到，在心中產生挫敗感，但你可以試著逆向思考，寫下自己會嚇到的目標，這樣你的層次才有機會向上提升。現在，請試著運用NLP八大框架，來進行自我檢視。

🏷 你可以具體說出未來幾年自己想要什麼成果嗎？

🏷 如何確定自己已達到這個成果呢？

🏷 這成果會在哪裡發生？跟誰一起完成？

🏷 當你達到這個成果時，你覺得人生會有什麼改變？

🏷 你現在擁有哪些資源（人脈、才能、知識、錢）？你還需要什麼？

有哪些原因會阻礙或限制你取得成果？

得到成果、人生改變後，對你有什麼意義？

你第一步應該採取的行動是什麼？

# 以斜槓創業展開創富人生

全球暢銷書《有錢人想的和你不一樣》作者哈福・艾克（T. Harv Eker）認為，每個人都應該擁有自己的事業，不管是專職還是兼職，根據他的觀察，絕大部分的千萬富翁，都是因為有自己的事業，才得以致富，因此，創業可說是成功創富最重要的方法之一。

談到創業，傑出的創業家通常都建立在兩個必要條件下，要想建立偉大的企業，首先，聚焦於自己熟悉的領域；再者，發明一種全世界每天都會使用的服務或商品。換句話說，你若想發財，就要先找適合自己的生意來做，而不是毫無頭緒地尋找最賺錢的生意。

## 努力具備創業家五大精神

在現今這個高速發展的時代，人們對生活品質的要求越來越高，也越來越渴望實現自我的人生價值，但在這個龍蛇混雜的環境下，不是每個人都有合適的平台，能夠展現自己的能力與才幹。在自身內心欲望的膨脹、發展受到侷限、工作不順心……等因素下，幾乎每個人都曾動過創業的念頭，可最後付諸實踐的人卻很少，而這些少數的創業者中，獲得成功的人又更少了。有位年輕的創業者曾說：「其實夢想就像雞蛋，不及時孵化就會變臭，所以，夢想不能總停在空想階段，更不能在天馬行空中耗費光陰。」

　　蘋果創辦人賈伯斯（Stcvcn Jobs）也說：「生命有限，別將時間浪費在重複別人的人生。」透過創業，你才能快速掌握人生、財富，並且獲得自由。

　　斜槓創業，是現今最熱門的議題，不斷有新的佼佼者脫穎而出，自從「知識經濟」的經濟型態出現後，運用知識資訊促進經濟成長、推動市場發展成為常態，隨之而來的，便是創業市場上出現許多以知識或技能為導向的事業形態。

　　好比擅長整理物品的人，出售自身的收納知識，提供他人空間布置的服務諮詢，又如精通木工的人，以改造舊家具的「舊翻新」技藝招攬客戶上門；這意味著知識與技能的變現，只要滿足市場需求，無論最後成品是有形商品還是無形服務，都能創造出利潤。

　　當你試圖斜槓時，可以檢視自身既有的知識技能資源，試著想想自己的知識或技能能否提煉出「市場價值」？又有哪些人可能因為這些知識技能，而滿足需求、獲得益處？不僅彰顯了知識經濟創業型態的活力與前景，也讓知識技能與實務經驗、市場需求妥善結合，爆發出意想不到的經濟能量。

　　每個成為斜槓青年的人，都有自身的動機與原因，比如追求理想的實現、證明自我能力、積極累積財富、建立符合自我期望的生活模式等等，但對方在談及成長歷程時，你聽到的肯定是他們一開始根本沒想過成為誰，直到許多事件的累積與思緒震盪後，才意外地發現人生型態已產生改變，更獲取了不少的內在與外在財富。

而在國際級Business & You的課程中，也強調創富可以從創業的角度思考，且此課程尤其重視創業家精神，不曉得讀者知不知道創業家精神是什麼呢？一般可分為五點。

 **熱情**

　　日本經營之神稻盛和夫認為，所謂的熱情就是不輸給任何人的努力，他所認為的人生結果就是：想法×熱情×能力。而這想法可能是正的，也可能是負的，過去筆者輔導百間企業成功創業，看到成功創業者共同的特質確實是熱情，像那種合夥、但沒有全心投入的創業主們，通常會以失敗收場。

　　所以，熱情可說是支持我們，使我們努力、堅持下去的關鍵動力。暢銷書作者湯瑪斯・史丹利（Thomas J. Stanley）博士也發現，富裕的成功者都有共通的特質，他們都會挑選自己熱愛的事業，對他們而言，這不叫工作，這是他們甘願且喜歡做的事情，這樣才能聚焦、專研，從中發現別人沒看到的機會，趁勢大賺特賺。

 **學習**

　　有句話是這麼說的：「只有鑽石才能切割鑽石，只有我們能給予自己磨練。」學習、磨練會促使個人加速成長，彼得・杜拉克（Peter Drucker）就是貫徹「活著＝學習」的實踐家，他從四歲開始學習識字，一直到九十五歲過世，自始至終都在研習，更將學習的觸角，從經濟學擴展至其他領域，無邊無界，他那卓越的經營思維，正來自於這些龐大且深奧的知識涵養。

　　一般人通常會因為沒有足夠的知識，而找不到好的辦法來進行

改變，所以，學習新知，掌握有用、充足的資訊，是相當重要的一件事情。暢銷書《異數：超凡與平凡的界線在哪裡？》作者麥爾坎·葛拉威爾（Malcolm Gladwell）認為，成功的創業家或創業者、運動選手、演奏家……等，成功者之間都有個共同的關鍵字「一萬個小時」，持續努力一萬個小時，一定能達到世界水準，但出社會之後，工作忙碌，便忘了要持續學習，更別說將所學應用在生活之中，甚至連一百個小時的練習時間都沒有；所以，我們要時時謹記學習的重要性，但除了學習外，我們也要學以致用，這才是我們學習的最終目的。

##  正向

稻盛和夫也認為，工作與事業有所成就的人，通常都是相信自己具有無限可能的人，因為發展不順的人往往會自我設限，沒有這、沒有那，所以沒辦法……等等，替自己畫下界線，因而一事無成。

對大多數的人來說，正向的念頭是短暫的，如同前面所說，因為我們對過去與未來的擔憂，始終會留存、盤旋在我們的潛意識中，所以，我們一天會失去很多正向的想法與正向行動。

但只要我們將潛意識中的核心信念調整過來，重新輸入程式，將正向念頭植入我們的潛意識之中，這樣當我們走偏正向時，就可以重拾正軌，確實走在創富的道路上。

筆者在輔導的過程中，也常碰到一種狀況，管理者常常會為了預防「萬一」的事情產生，而花很多錢與時間在修改流程和系統，始終以防弊的角度不斷防範，完成時還沾沾自喜，對自己的聰明才智甚覺良好。

其實，這種「萬一」的想法是很負面的表現，只會引來更多負能量，當負能量在企業流竄時，就可能造成員工與雇主之間的不信任，彼此衍生越來越多的攻防戰，結果可想而知，公司的整體績效將會受到影響，最後傷害到的還是管理者自己。

因此，與其花費大量的精神與時間預防負能量的事情發生，倒不如傾注更多的心力穩固企業、團隊間的信賴關係，公司本就是由好多小團隊所組成的大團隊，若彼此的關係互動良好，絕對能創造出倍乘的結果。

 **利他**

稻盛和夫在《京瓷哲學手冊》中提到，即使犧牲自己，仍要幫助對方，也就是所謂的利他之心。創業家在創業時，應該要有利他人、利社會的效益，每銷售一個商品或服務，就是在幫助別人，具備這樣的心態，事業才能做得長久。

哈福‧艾克（T. Harv Eker）也同樣認為，人生不只關於自己如何過活，與我們對他人的付出也有關，更與完成自己的使命、我們為什麼會存在於地球有關。

人生，其實只是把自己這塊小拼圖加進世界這塊大拼板上，但大部分的人都過於執著、自我，認為一切都是繞著他轉，無時無刻只想到自己；如果我們想活出富裕的人生，就不會只與自己有關，我們必須為別人的生活增加價值才行。

假如我們想給予對方正面的訊息或服務，他卻不領情、不願接受，這時傳遞出來的情緒通常會很糟糕，因為能量無法切實表達出去，於是轉變為負能量，導致我們成為拒絕接受或提供的人，那宇宙

就不會協助我們創造財富；你必須同等付出，宇宙才會回饋予你。

如同前面章節探討，亞歷山大・洛伊德（Alexander Loyd）博士同樣認為，我們想要的夢想需要有利於他人，不能單單為自己好而已，要能對他人產生幫助，這樣才會有實現的機會。所以，利他心對創業、致富是很重要的關鍵因素。

###  當責

創業者培養「當責」的態度相當關鍵，如果自己公司經營不善，千萬不要歸咎於股東、幹部，甚至是廠商身上，你理應思索自己的內在發生了什麼事情？人生的道路只有兩條，一條是將責任推給別人，另一條則是100％扛起責任，這也才是正確的人生態度。

每個人都有著不同的生命特質，包括獨特的能力、興趣與熱情、個性及過去的經歷，這都是創業者在開創事業前必須充分了解的，而不是看到市場需求增加，就一味地投入該市場，想藉此大賺一筆；那如果市場需求下降，你是否就此打住不做了呢？我想不管是賈伯斯還是祖克柏，他們固然都是先看到市場與社會的需求，才開始思考創業的計畫，但他們遇到困難挑戰時仍能繼續以此目標前進，不外乎是因為他們深知自己的興趣與熱情所在，明白自己能做什麼，不斷堅持自己的理想與使命的關係。

## 從使命、責任與實踐來看創業定位

了解完創業家的特質後，可能很多讀者會覺得自己似乎不具備

這些特質，但筆者認為，重點不在於我們現在是否全都具備，而是應該努力讓自己擁有這些特質，持續提升自己的能力。且除了特質外，在Business & You的課程中，也特別強調創業家的使命、創業家的責任，如何實踐創業，讓我們更清楚明白創業的定位。

 **使命，創造更美好的未來**

哈福・艾克（T. Harv Eker）曾說：「創業家是能幫助別人解決問題，又同時能賺大錢的人。」若要同時解決很多人的問題，那我們在創業時，就要先問問自己，將來是否會有人願意承接我的志業？

如果我們創業的使命，除了自己好之外，也希望多數人好，那就會有人願意支持你的事業；但如果我們只在表面上希望大家好，做出來的行為卻讓人覺得你自私自利，相信你的想法也是很有限的，畢竟你只想到自己，這樣若想把事業做得長久，將變得相當困難。

 **創造客戶、價值效應，以及他們所要的**

具備責任感的創業家，大多會將焦點放在客戶上，創造出消費者需要的商品或服務，且使用產品及服務後，能確實讓價值提升。而創造客戶方面，如果我們將客戶對商品或服務的基本需求、期待，視為顯性需求；超出的部分則視為隱性需求，那隱性需求便是你決勝負的關鍵，此部分也是一般企業容易忽略的——對消費者創造意外價值的感動，超乎客戶預期的商品或服務，觸發對方心中的感動。

由於商品要做到與同業差異化越來越不容易，服務上的細節往往要多留意一點，這樣才能贏得客戶的注意與認同。所以在服務上，我們可以多運用客戶體驗，並在售後服務上多下點功夫，看看有沒有其

他可以做得更好，需要改進的地方，或是運用前面章節所提到的商業模式，調整原有的方式，創造客戶心中所想要的商品與服務。

###  實踐，找機會行動

哈福·艾克（T. Harv Eker）認為，行動永遠比不行動好，有錢人會馬上行動，他們相信只要讓他們下場玩，就可以在當下做出明智的決定，然後予以修正、調整方法。這也是為什麼有錢人會越來越有錢，因為一般人大多不會採取行動，投資大師華倫·巴菲特（Warren Buffett）便說過：「我不會花一秒鐘去改變任何一個人，除非他自己要改變。」

很多人不願改變，又喜歡替自己找藉口，總說我沒這、缺那個，其實他們缺少的不是資源，而是「做決定和馬上行動」，他們往往不是沒能力，反倒是沒有實踐力。

所以，擁有創富夢想的讀者們，行動吧！只有行動才能改變你原有的命運！看完本書後，就開始行動，但行動的前提是要先規劃，好好問問自己：在今天以前，揮霍了多少的錯誤與悔恨呢？你隨時可以斜槓、創業，想想自己可以做什麼，開創多元收入；哪怕你是繼續工作上班，也能從各個方向去找尋不同的收入，然後貫徹執行！

###  提升能力，朝BI象限發展

羅伯特·清崎提出ESBI象限，其中E（Employee）代表員工，S（Self-employed）是自由工作者；B（Business）則是企業老闆；最後，I（Investor）代表投資者。

上班族的薪水都是固定的，若想增加收入的話，就要想辦法讓自

已變得更強，增加自己的專業能力，朝BI象限發展。在羅伯特·清崎的觀點中，如果我們是在E與S象限，即使一個月收入有數十萬元，但我們還是靠勞力、時間在換取金錢，依然是窮人，只有我們跳到B與I象限，才能真正變成富有的人，而B與I象限最重要的一點是什麼？那就是創造被動收入。

被動收入是指錢會自動流進我們的銀行帳戶，即便你在睡覺或是做任何跟賺錢無關的事情，錢還是會不斷產生。反觀E與S象限，不論我們的能力有多強、收入多高，終究還是主動收入，倘若我們無法繼續工作，那收入來源就斷了，不會因為之前付出多少，老闆為了感激我們的辛勞，而固定撥款給我們。

相信有很多人會思考一個問題「繼續待在這間公司，好像也沒什麼發展」，明明幾年前就這麼覺得了，卻也沒有真的去投資或創業，持續煩惱著「這樣下去真的沒辦法賺到錢」，於是又繼續維持現狀。

這類的人，因為評估行動風險後，認為行動後的風險高，因而選擇維持現狀，但他們的思考其實存有盲點，因為他們的年齡就是一個風險，到了四、五十歲後，若是突然被公司裁員那該怎麼辦呢？或是到了如此歲數，公司倒閉的話，又該如何面對往後人生？更何況這歲數的人，大多背負著房貸和小孩的養育費，這個風險才是最高的。

所以，創業家必須要有使命、責任、實踐力，才能有更多成功創富的機會，即使只是一時衝動所做的決定，只要認真去做，一定會讓自己有所收穫，而這些經驗都將在未來成為改變人生價值的種子。

認清自己適合、擅長的領域，並製造一個可以互相彌補長短的工作環境，比任何事情都還來得重要，比起克服自己不擅長的弱點，倒不如在擅長的地方好好發揮，不僅快樂、也較容易突破。

## 聚焦熟悉的領域，提供每天所需的服務或產品

筆者過去曾輔導過一位創業者（以下簡稱A），他的工作背景為室內設計師。由於室內設計的市場競爭十分激烈，以致業主對設計師的要求越來越高，但願意支付給他們的報酬卻是向下成長，於是A就產生了自行創業的想法，開間咖啡廳。

A那時來向我諮詢，與我討論自己是否適合開店，我先從他過去的工作背景進行分析，看看以往的工作經驗中，是否有任何與咖啡產業相關的經驗，若沒有，那就看看家族中是否有人從事咖啡相關的事業，或許未來有資源可以運用。

如果以上兩項都沒有，那再看看有沒有合夥人，看合夥人是否接觸過相關產業？以及兩者之間的關係為何，萬一店家營運到一半，對方拆夥離開，那經營風險會變得相當高，這不是你我樂見的結果。

將以上資訊都分析完後，筆者發現A只有設計過咖啡店，其他皆未接觸過，沒有任何關聯，於是我建議他先不要考慮咖啡店，先自行承接看看咖啡店的室內設計，從中掌握該行業是如何營運的，充分了解咖啡店，再來開咖啡廳，A也接受我的建議。

上面這個案例呢，筆者有幾個啟發點想跟讀者討論。

- 創什麼業？先看看之前做過什麼，從自己的利基點下功夫深化。
- 嘗試跨界，畢竟擅長兩個領域的競爭者較少，且跨界更是現今企業的發展主流。
- 沒有背景經驗的行業，不輕易投入。

當我們越了解未來的趨勢，就越能在自己熟悉的領域中，找到與

未來趨勢相關的商品與服務，並在熟悉的領域發揮優勢。不過要將自己擅長的領域，與現實大家會想使用的服務、商品聯繫起來，確實不容易，所以創業初期必定是跌跌撞撞，必須不斷摸索。

推特（Twitter）創辦人曾說，創業的點子要從解決大問題開始，任何偉大的點子都要經過一段時間後，才能付諸實行。從字面上來看，既然偉大，就代表之前沒有人做過，你推出的時候可能會有一段黑暗期，因為你不曉得獲得成果的關鍵為何，如果真的想做與眾不同的事情，就必須深入險境且全心投入才行。

因此，想創業的人可以先問自己一個重要的問題：「你願意犧牲多少代價換取成功？」我們每個人都想成功，想賺很多的錢，但並非每個人都願意甘於平凡，每天工作八小時，換取微薄的酬薪；被其他人潑冷水、花好幾個月來籌措資金。如果我們一開始就能為自己做好心理建設，知道這是一場艱辛的長期抗戰，願意投入且犧牲與堅持，這將是你生命中最刺激、有趣的旅程。

成功沒有捷徑，但一定有方法！創業成功的SOP就是找到自己的興趣，並思考如何將興趣轉化為商品，讓消費者願意花錢購買，結合你的經驗與專長，只要能填補市場缺口、找到利基市場，你就能成功創業。

## 單元練習

### 你準備好創業了嗎？

　　利用十分鐘的時間，針對下列問題簡要回答，若不確定答案，請回頭看看本章節所探討的內容，檢視自我狀況。

🏷 成功創業致富的兩個必要條件是什麼？

🏷 前文咖啡廳的室內設計師案例，對你的啟發是什麼？

🏷 創業家的精神，大致可分為哪五點？

🏷 創業家的使命及責任、如何實踐創業，對我們有何重要？

🏷 請思考如何讓自己從ES象限轉移到BI象限？

# Business & You，讓人生進階

不曉得各位知不知道一熱門課程〈Business & You〉？這門課程宛如一棵大樹，能協助你創造由內而外的富足，透過學習來進化自己，升級大腦與心智，改變、超越自己，讓生命更富足、美好。

常說內在決定外在，而BU一次包含二者，重視內在與外在兼備，如果將愛、真誠、和諧及感恩，視為自己內在的原則，身旁的人必能感受到你外顯出來的氣質與風範。

何謂BU？如字義所述「商業與你」，也因為商業的範圍很廣泛，完全取決於你想運用哪一個領域、範疇來做為商業活動，以創造出內而外的富足。

在BU課程中，首先會協助你釐清觀念，導引你將未來的理想生活設定好，並針對達到理想生活的關鍵因素進行探討，讓我們能確實掌握成功，也學習如何自我激勵，以實踐創業家的精神，培養自己頂級的成就特質，學習最佳的銷售策略，賺取更多的錢、創造更多的客戶，讓自己的事業及人生大幅躍進。

## BU讓你產、銷、人、發、財樣樣精

首先在行銷方面，一般最常談市場，也就是市場行銷，在市場行銷的區隔方式中，常用RFM模型來分析，即最近一次消費

（Recency）、消費頻率（Frequency）與消費金額（Monetary）來表示，針對顧客對企業的價值貢獻來探討，以提高顧客的消費或投資，增加企業的獲益。

例如，日本的東京到新潟，有一種新幹線雙層電車，上層的座位可以看到風景，下層的座位則看不到風景，業者一般會先考慮用價差的方式來販售，選上面比較貴，選下面則較便宜，但這種區分，並非最高明的作法。

東京新幹線觀察到許多往返東京至新潟的旅客，可分為商務族群與旅遊族群，商務族群需要舒適的休息空間，旅遊族群則需要良好的觀光體驗，因此新幹線將電車上層的椅子設計成不能躺下，下層則是可以躺下的。如此一來，既符合雙方需求，又不用在價格做折扣，造成收益損失，或因為加價使顧客猶豫，降低消費意願，而這就是一種市場區隔的方式，考量到客戶需求，又兼顧了價格。

至於生產的流程作業，過去筆者曾輔導過一間公司，底下有五、六十家連鎖店，頗具規模，但也因為店數、員工較多，所以涉及的事情也多，因此，制定工作流程就顯得更為重要了，但該老闆是位事必躬親的人，導致員工壓力甚大，對工作感到力不從心，公司的離職率較高，流動頻繁。

我們針對老闆的個性，經過多次溝通交流，他之所以事事親力親為，全源自於壓力所造成的憂慮恐懼，害怕會出事情，造成無法收拾的後果。但輔導後，老闆明確掌握住關鍵的財務決策權、人事任免權、重大決策（依公司特性定義）權之間的制衡，將權力下放至各高階主管；我們也運用NLP的溝通手法，讓老闆放心將工作交給員工負責，使公司產生嶄新的面貌。

談到組織的成功障礙清除，我們先來看企業所面對的市場環境態勢，通常我們會運用市場顧客（Customer）、競爭者（Competition）、公司（Corporation）等3C進行分析，掌握公司目前的情況，當問題發生時，選擇先詢問員工事情發生多久了。

　　很多領導者重視問題的分析與解決，但往往會忽略問題發生多長時間，因為其中可能隱藏了企業文化、組織成員心態的問題。出問題時，如果能第一時間知道問題，即使還沒有最佳的解決方案，領導者都可以理解，畢竟設法提出自己的建議，盡快將問題解決才是上策。

　　但如果問題嚴重到紙包不住火，這時企業所承擔的風險更大，付出的代價將比預期高許多。所以，建立起第一時間傳達資訊，是一間公司不可欠缺的要點，尤其是需要現場服務顧客端的企業，更要讓領導者或現場最高主管得知消息，避免事態蔓延。

　　如果員工害怕告訴領導者實話，管理者就要思考為什麼員工會害怕說實話，背後的原因是什麼？唯有組織上下流通，都能獲得正確及時的訊息，才能做出最有效的判斷。

　　一般企業最常忽略的，就是對日常工作進行有效率的管理，可以試著回想過去工作上，是不是有遇過重複設計或反覆執行的事件發生，製作一遍又一遍的表單，只因為當初沒有存檔，或是離職、調職的時候，員工交接不清楚，導致檔案一時找不到。

　　相信一般都會有這樣的經驗，這是因為我們通常較少去留意有哪些工作可以進行模組化，通常，我們會請企業依據工作內容可否固定的定型或不定型，以及員工能力上是否有差別的屬人或不屬人這個要素，整理成四象限。

　　如果是定型、不屬人，就可以模式化成固定範本、固定流程，這

樣就可以輕鬆處理日常事務；如果是定型、屬人，同樣可以模式化，但要以能力好的作業方式為標準範本。至於其他兩種，不定型屬人及不屬人，要設計成模式化較為複雜，筆者就不深入探討。

在生產流程上，最常遇到問題分析和如何解決，一般所謂的系統性解決問題思維，是指解決問題的要素與步驟有一定的邏輯。例如，解決問題的要素，最常使用的就是5W2H，若套用有前因後果的邏輯思維，最常被使用的則是流程的概念。所以，先條列問題現狀，掌握問題後才能解決問題；其次，從影響性最高的問題著手，分析問題的因果；最後，找到關鍵原因就想對策、解決方法。

再舉個例子，現在企業投入線上交易平台的時間越來越多，所以在經營自己的網路事業時，礙於是虛擬的線上交易，可能較無法及時回覆客戶問題，那為了減少客戶摸索、重新操作、來回詢問的次數，在設計線上交易平台時，就必須多替客戶思考下一步該怎麼做。

例如，客戶可能會有哪些規格的問題，我們在設計上，就不能光回答規格，還要跟客戶說明此規格能帶來何種好處，並引導客戶下單、結帳，就能降低隱藏的交易成本；而這必須仰賴SOP流程，設得更為顧客著想，此舉也能讓客服人員在服務上更有效率。

以上這些都屬於Business & You課程內容的範疇，所以商業要廣、要深，並沒有一定的範圍限制，但一定要隨時保持彈性應變。

## BU定義成功者應具備的特質

成功的道路是最擁擠的狹巷，每個人都拼命跑著與他人競逐，一個人要想成功、創富，勇氣和汗水自是最不可或缺的，逆境的鍛造和

窘迫的錘鍊亦是題中之美。相信每個人都幻想過成功、創富，你站在頂端遙望著底下的人，可要在現實中成功可沒有這麼簡單，很多人想成功，卻尋不到正確的方法或管道協助他們躍上頂端，於是又停在原地無所作為。

BU國際級課程，已在全球各地為許多人創造美好的生活，提供有系統、易懂、好應用的原則及方法，能有效進化我們的內在，將大腦、心智全面升級。且目前BU課程不僅有戶外的體驗課程，也包含筆者跟各位探討的潛能培訓，再搭配上夏威夷療法及心靈創富術，調整我們的內在身心靈；外在創富的培養，也有行銷、商業模式、經營管理、創業等核心課程，最後有將內外整合的幸福創富人生課程。

BU課程真正發揮內外兼容並蓄的特色，使個人提升更高的心靈層次、商業經營層次、財富創造層次與幸福快樂層次，正所謂「含章可貞，行文若水」是也！下面就讓我們來討論，BU定義的成功者特質有哪些。

 **企圖心**

一個人若只想安於現狀，就不需要人生哲學，但如果想要改變自己，那就要建立起自己的人生哲學，更使周遭的人也共同成長，以互相勉勵，成就自己心中的理想人生。而企圖心便是我們創造自己人生重要的動力，尤其是在商業活動，若想積極爭取合作商機、開發廣大的商業市場，都有賴於我們是否具有強烈的企圖心。

你可以問問自己，你是「想」成功，還是「一定要」成功？你是「想」賺錢，還是「一定要」賺到錢？你是「想」擁有某種夢想中的生活，還是「一定要」擁有這種生活？曾有句話是這麼說的：「屬於

你的東西，要當仁不讓；不屬於你的，千萬別有非分之想！」

拿破崙・希爾（Napoleon Hill）也曾說過，有98％的人沒有堅定信念，這樣是無法觸及真正的成功的。因此，那些成就非凡的人之所以能成功，便是因為他們不會將得不到的事物視為失敗，心中堅信這只是暫時的，總有一天能夠拿下，極具強烈的企圖心。

 ## 勇氣

研究富裕、上層社會的權威史丹利博士發現，在商業環境中，富裕人口總勇於冒險，即便可能產生特定後果，他們仍會竭盡所能地從中獲利，強調正面思考，不會始終關注在失敗。

其實，冒險和成功是一體兩面的，知名經濟學家梭羅（Lester Thurow）曾說：「有膽識的冒險，雖然有失敗的可能；但沒有冒險的膽識，注定會失敗。」成功者思索成功，而非擔心失敗時如何、如何，他們敢於挑戰。

這也讓筆者想到馬克・吐溫（Mark Twain）曾說：「生命中有很多擔憂的東西，但它其實大多沒真正發生過。」所以，我們認為的萬一，發生的機率並沒有想像中的高，且根據心理學家的研究，我們所煩惱、擔憂的事情中，有40％根本不會發生，而30％是已既定的事實，另外有12％是對健康莫名的掛慮，還有10％是無關緊要的芝麻小事。這樣計算下來，你會發現自己該憂慮的事情，其實10％都不到。

很多人都會害怕得不到而心生挫敗感，但只要我們客觀檢視種種挫敗恐懼，就會發現這些恐懼大多是自己想像出來的。當成功的跳板就在眼前時，就看你是否有勇氣一躍而上，綜覽古今，凡是取得成功的人，都是因為他們相信自己能完成艱鉅的任務，絕不會因為眼前的

障礙，而失去前進的勇氣，進而勇敢地在困境中力求成長。

 **堅定不移**

想要在商場上創造人生財富，勢必得先保有夢想與希望，超級樂觀的設定目標，並相信上天會賦予我們無限的可能性，告訴自己「一定做得到」，藉此激勵自己。

我們可能都富有滿滿的夢想，但只要在過程中遇到阻礙，便開始猶豫是否值得再投入，並非每個人都有堅定不移的信念，畢竟像遇到資金預算時，就會因此受限，無法動作。

所以，在規畫目標時，必須要保有「無論如何都非完成不可」那堅定不移的信心，並設想各種可能發生的問題，包含資金、市場、技術等許多面向，找出因應對策，然後在實行階段告訴自己：「只要是在客觀、已掌握的情況下，那我一定做得到，想要成功、永不放棄的態度非常重要，我要充滿信心。」

 **專業**

在商場活動上的專業，不光只有該行業領域的專門知識技術，支撐這些知識技術的行為、態度，才更能表現出專業性。例如上述提到的研究富裕人口權威史丹利博士，從全美挑選出五千名資產逾千萬的富豪代表，調查研究發現，富豪不會犧牲正直來取得致富，他們認為正直才是成功財富的關鍵。

成功在於卓越的表現，但如果為了升遷，而形成自利的表現，那將失去卓越；反倒是懂得與他人合作，懂得幫助其他部門的人才卓越，讓彼此將合作視為符合彼此利益，這種發展才是良性循環。

　　所以，專業的態度，不光是在專門領域稱為專業，更多是在商業活動上的工作道德、倫理、自我要求……等，更要具備專業。因此，能感同身受的卓越者才能打造出與時俱進的團隊、企業，比起個人表現，他們更在意他人的感受，不刻意競爭，教彼此團結合作，讓不同專長的人，能同心協力地把精力用在達成共同目標。

##  學習

　　在商業活動上，不斷學習是頂級成就者的重要特質，由於環境變遷、市場變化快速，作為一名領導者，並不用比誰都有學識，且如果真擺出一副什麼都懂的姿態，反而會有反效果；將焦點放在團隊夥伴上，保持謙遜的態度不斷學習，使領導能力越來越好，透過實際應用、練習，塑造熟能生巧的學習習慣，才是成功者應具備的態度。

　　懂得借力使力才是好方法，頂級成就者也可以退一步思考：「我的想法或許是對的，但可能還有其他的可能性。」換個角度思考，不斷給自己學習的機會，也更能掌握商業市場的脈動。

　　專業的培養上，有一個很好的市場推展方法能提升專業，那就是運用電梯測驗。電梯測驗是麥肯錫顧問公司檢驗員工陳述報告的方法，假設員工與客戶方的執行長共乘一部電梯，要求他們在電梯開門三十秒的時間內，言簡意賅且清晰準確地報告方案。

　　這個技術另一個重點是藉由三十秒的急迫性，測驗自己對案子真正理解到什麼程度，是否已具備可向人推銷的水準，如果沒有，就代表理解不夠深，要重新回頭掌握報告這案子內容的本質，而一般會使用金字塔的圖形概念。

## 金字塔原理的四個基本特徵

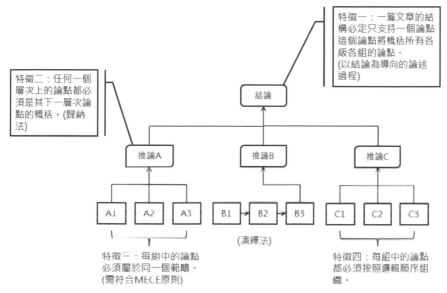

▲ 麥肯錫金字塔報告術。

電梯測驗可以讓人了解使用金字塔結構統整故事線的優點，因為結論的重點並列在上，而下方也以相同結構排列出各項重點，可以根據對方的狀況，自由調整要說的內容。

 **責任感**

所謂責任感，是體認自己的責任，所以較容易進入問題核心，只要了解自己的內在，就能積極面對問題，並加以解決。

在前面章節我們有提到夏威夷療法「Ho'oponopono荷歐波諾波諾」，其實夏威夷療法對問題的思考方式，與我們一般的認知完全不同，使用夏威夷療法思考問題時，我們會探索：「自己內在的潛意識

到底有什麼？」、「此現象是否為自己產生出來的？」藉由清除這些資訊，來排除問題。

　　且夏威夷療法所稱的資訊有兩種，並非一般人指的資訊情報（Information），而是「過去的記憶」及「靈感」，宇宙因這兩種資訊而成立，也就是說宇宙只存在兩種資訊：有形及無形。

　　有許多人將事業成功視為自己的人生目標，將事業成功定義為自己是否成功的依據，因而很容易將所有事情都攬在身上，認為這才能解決問題；結果公司問題非但沒有解決，反而讓自己身心疲憊，同樣的事情不斷發生，也阻礙了自己的成長。

　　且許多上班族白天賺錢外，晚上又為人父母，或照顧老人家，可能也會面臨到同樣的問題，如果總因為每天忙碌的工作而感到痛苦，請好好問自己：「這個工作真的非要自己來做不可嗎？這個工作不能與其他人分擔嗎？如果自己不做，工作就無法進行了嗎？」

　　責任心越重的人，越容易什麼事都攬在自己身上，把自己逼到極限，因而失去其他挑戰的機會，或其他財富上獲得自由的可能性，人生也就在疲憊、小確幸下度過，說服自己這就是人生……所以，懂得管理自己與培養正向意識，能讓我們在商場上樹立信任感，讓外界更懂得與我們進行更多元的交流合作。

　　根據留才公司keepingthepeople創辦人雷伊・布蘭哈姆（Leigh Branham）研究，有80％的員工離職不是為了薪資水準，而是因為工作內容、管理幹部、公司文化、工作環境等其他因素，如果你不知道自己哪裡出了毛病，就不可能解決問題。

　　倘若公司與員工之間相互期望、互相符合，工作的滿意度與生產力就會越高，離職率也就跟著降低。所以，如果讀者有創辦公司，並

有這樣的問題，筆者建議新聘的全職工作，要有另外的替代想法，根據筆者的經驗是盡量雇用臨時助理、兼職夥伴。

最好的狀況是在雇用員工前，就看山對方的期望可能未被滿足，在僱用前就完整陳述出工作的缺點及問題，打開大窗說亮話，願意留下來的人，在動機上相對強烈，投入工作的程度也較穩定。

若同事也能參與面談的話，能讓團隊成員有更大的參與感，有受到重視的感覺；如果雇用之後有這些情況，如開始就不太打招呼、不想眼神接觸、會議中不參與討論、請假次數增加，根據調查，60％以上的公司之所以績效不彰，是因為直屬上司的回饋不夠，且絕大多數的員工認為主管平庸，甚至會影響到他們的工作。

指導太少與回饋不足，是員工不願投入與離職的主要原因，若更長遠地看公司發展，調查結果也顯示，超過半數以上員工會想知道公司發展的行銷策略與成長策略，這是為什麼呢？因為員工想瞭解，公司為了實現這些策略，會創造出什麼職涯機會。

所以，設計一個能創造提供回饋、指導與職涯發展的公司文化機制相當重要，《績效！績效！》一書便有提出員工績效不彰的原因。

- 他們不知道自己要做什麼？
- 他們不知道自己該怎麼做？
- 他們不知道自己為什麼要做？
- 他們不認為應該做這件事，覺得自己的做法比較好

也因為這樣，現在許多公司會針對中高階主管培訓，提供管理工具，並教育他們如何成為一名好主管，而BU課程就提供了這方面的高

階課程內容，協助主管提高國際化的管理能力，以應付未來大環境的競爭。

　　作為企業，最重要的當然是賺錢，但高明的企業在賺錢的同時，不會忘了員工，俗話說古代帝王，得人心者得天下，倘若用在企業，同樣是得人心者得金錢。每個人對於工作目的、財富目的都不同，對於工作或財富要投入多少心力，完全看個人目標，沒有什麼標準、對或錯。

# Business & You
# 使你的人生更加完美

相信大多數的人都做過與「成功」有關的夢，不論是當明星、賺大錢、住豪宅，還是成為大老闆……等，過著悠閒、無憂無慮的生活，沒有人希望自己的一生是以失敗收場。

所以，我們每天都努力地工作，邁向自己的成功道路，然而，路途的艱辛，經常動搖我們的信念，讓人不禁懷疑：「這樣下去真的會成功嗎？」因此，你應該扭轉過去對「成功」的認知，重新理解「什麼是成功」，而BU便是能讓你的人生更加完美的絕佳課程！

##  BU替你總結成功模式

在創造成功之前，且讓我們先了解成功關鍵，掌握成功的模式能讓我們少走冤枉路，縮短摸索時間，依據BU彼得・杜拉克管理學院的課程歸納，成功可分為六大關鍵。

### 成功事業需貴人提攜

研究富裕人口的專家湯瑪斯・史丹利（Thomas J. Stanley）博士表示，大多富裕的成功人士都會挑選貴人，例如會計師、律師、企業顧問……等，來協助自身拓展事業，找到人生財富上的良師益友，讓

貴人協助我們，減少走冤枉路的可能。

投資之神華倫・巴菲特（Warren Buffett）認為，真正有心想成長的人，他所擁有的力量中，最強大的莫過於遇見最好的老師，並直接學習老師的精神。向讀者們分享筆者的個人經驗，在工作過程中，我也和大家一樣，不斷尋找可以提升自己的良師、貴人，過程中花了許多學費，加入社團、參加高昂的訓練活動，但總很難找到合適或CP值相對高的貴人、老師。

有許多老師還表現出一副大愛的模樣，但私下對學員的收費卻斤斤計較，少收一毛錢都不行，沒能發自內心，令人相當失望。像筆者自己也是到加入魔法講盟弟子群，在博士級教練的指導下，才終於產生好的結果。王博士對學員、弟子的照顧與幫助，絕對超過區區幾萬元的拜師學藝費，不論是人脈的擴展，還是商業生意合作往來的機會增加，但重要的是自我能力的提升，使自己能更具備專業知識工作者的水準，對自己的事業幫助很大。所以，筆者也向讀者推薦，在比較各培訓課程時，不妨多了解一下魔法講盟，對你一定會有幫助。

##  提高自己整合資源的層次

今日的商場容不下拒絕合作的獨行俠，反倒是團結、互敬的合作方，才是現今業界最需要的夥伴，我們現處於瞬息萬變的地球村，要靠團結合作才能發揮最大的力量；同心協力便可達成最佳表現。

人脈也因此顯得相當重要，懂得運用人脈，將自己的商品或服務推薦出去，助我們有效達成目標，但一般人往往沒有對自己的人脈做最好的盤點與經營，常常不經意地流失人脈，相當可惜。

要懂得經營人脈，首要工作是有明確經營的動機，這動機來自明

確的目標與達成目標後的效益，換句話說，你要有明確的中心思想，知道自己要做什麼，且為了達成此目標與獲得的預期效益，要與符合這條件的人脈共同合作，有清楚的動機去推展、結交適合的夥伴，明確認知夥伴的特性與DISC屬性，這對我們有效經營人脈網絡，才是較理想的方式。

全球著名行銷大師傑‧亞伯拉罕（Jay Abraham）認為，一間企業的成功，往往取決於整合能力，如何把缺少的資源整合起來，其關鍵在資源互補。

我們難免都會在意自己的缺點、弱勢，但成功的人往往懂得去尋找補強自身弱點的資源，例如：人才、技術等，形成資源互補，這種整合資源層次，可以讓原本只能小本經營的事業，擴展做到區域市場的生意，將市場的餅做得更大。所以，讓自己強的優勢更強，再把自己弱的部分找到互補，形成強上加強，用團隊的力量創造更好的市場，雙贏共好。

 ### 建構企業的成功七步驟

所謂的企業成功七步驟為：利基元素、應用槓桿、找對人做對事、建立系統、組織團隊、整合平台資源、創造綜效等。根據史丹利博士的研究發現，富裕的人都有一個共通點，就是他能找到利基市場，看到別人沒看到的機會。

利基也就是我們的核心競爭力，瞭解自身的優勢與強項，進而利用此優勢、強項，切入熟悉的市場，如同前面章節所述，我們理應找到適合自己的事業，而不是最賺錢的事業。

在應用槓桿方面，由於一般人不熟悉，所以也較無法靈活運用，

所謂的應用槓桿，好比我家門前有座小池塘，隔壁鄰居家也有座小池塘，為了讓彼此的池塘更具規模，於是將池塘整合起來，共組一個更大的池塘。但前提是你要有池塘，也就是找到自己的利基，才能透過交換的方式，進一步擴大自己的規模，而這時談判與溝通協調就很重要了。

相信每間企業都知道找對人做對事的重要性，但難就難在找的人通常都不太對，我們決策的事情不一定有預警系統，無從得知自己是否有做對。

那為什麼人會不對呢？可能是因為判斷標準不夠理想，或缺乏動力與正確態度，所以建立系統就顯得很重要了，有系統能清楚掌握組織團隊，將大夥兒的資源整合起來、創造綜效，這些步驟之間都有關聯與優先順序的排組特性。

 **運用槓桿**

物理學中，在力作用下可以圍繞固定點轉動的物體叫做槓桿，槓桿繞著轉動的固定點叫做支點，而推動槓桿運動的力叫做動力，支點到力的作用線之間的距離叫做力臂，從物理原理來說，槓桿可以讓我們原本的力量擴大好幾倍，讓我們做到原本做不到的事情。

古希臘最傑出的科學家阿基米德（Archimedes）曾說：「給我一個支點，我就能舉起地球。」從金融角度來看，「槓桿」就是一種融資工具，我們以樹狀圖來分析一個人增加收入，可以分為兩種，第一，增加更多時間投入勞動；第二，增加勞動以外的收入，如投資、向別人募資或跟別人借。

投資的重點在於錢滾錢，而向別人借或要，重點則在於借力使

力，站在巨人的肩膀上。若將這兩點進行比較，第一點在於勞動力的付出，如果沒有勞動，也不會有機會賺取額外的收入；但投資就不一樣了，只要你下對投資，每個月都有現金流進來，哪怕是睡覺，別人還在幫我們賺錢，可謂加速財富累積的不二法門。可是，現在社會競爭激烈，投資都有賠錢的可能，也因為害怕賠錢，而對投資敬而遠之，但倘若不投資，把現金存在低利率的銀行，外加大環境的通膨影響，其實現金是越存越少。

我們先來討論投資的習慣，首先要培養「錢滾錢」的能力，要培養將本金與利息持續投入滾錢的耐心，原則是不可動用投資本金，只能運用利息的錢，因為本金是我們生錢的金雞母，萬萬不能做殺雞取卵的行為。

所以，務必將拿回本金的時間設定好，在時間到之前，若非投資標的發生重大負面事件，否則請持續將利息投入滾動，才能創造出錢滾錢最大的效果。

那在借力方面，如何讓別人也借力給我們呢？我們想有別人的力，就要有吸引別人願意借力的誘因，例如好的生意點子、投資項目，大家一起來做。

如果上述不便執行，那就只能向金融機構借錢、自己背債，當然，這種情況的壓力會比較大，因為每月要還款，這相當考驗個人的周轉能力，如果你的投資每月都有利息進帳，而這利息又大於每月還款額，或手頭上的資金能撐到投資滿期的回收，則可以嘗試投資部分資金。

以筆者為例，我的作法是增加勞動以外的收入，將投資與借力搭在一起運用。首先，確認自己可以掌握風險，其次則是投資報酬要高

於向銀行還款的利息，若能超過數十倍更好，足以負擔其他成本。在此條件下，投資收益讓我能在兩年不到的時間，就將本金取回，規劃其他投資，例如房地產，這就是借力與錢滾錢方式互搭的成效，筆者個人頗有心得，推薦給所有想要致富的讀者參考。

 **明確的組織**

組織的運作，讓員工能有限度的授權、不斷培訓與確認做法，以灌輸他們正確的價值觀、充滿自信，對每份工作都賦予尊重，創造所有主從之間的信任，讓大家共享組織成功的利益，教導每個人從失敗中學習，好讓我們像揚起帆的船，全速前進。

哈佛商業評論前主編湯瑪斯・史都華（Thomas A. Stewart）更認為，一個組織不只要使命宣言，更要授權聲明，以便在老闆指示的範圍內做好決定，尤其是現場授權，立即解決當下的問題最為重要。

在職場，年終分紅並不等同自我證明，能改變人生的自我肯定，往往是那些不重要的評語，只不過這種評語是從我們敬重的對象口中說出來，當我們肯定自我時，也要在乎身旁共患難的夥伴，肯定他們、讓他們同樣感受到你對他們的尊重。

有些公司會替員工舉辦慶生會，並設計一套活動，對當事人進行所謂的生平頌詞，表達對該員工的想法，讓當事人感受到自己是被愛與關心的，所以，最能激勵人心的就是愛與尊重。

無奈授權這詞，在當今企業說的比做的多，原因在於許多企業並未真正了解授權該如何操作，如果被授權者分不清楚界線在哪，那就不能稱為授權，只是表面的，沒有實質的標準；身為領導者，要為我們的下屬劃定界線，讓他們可以在既定的範圍內自由發揮。

信任與依賴不同的點在於，你能否理解事情是可以託付別人，但最終的成敗責任在自己，若無法理解就是依賴。雖然在這險惡的商場上，信任他人可能會為自己帶來錢財的損失，但與其花精神懷疑別人，還不如信任他人會讓自己較開心，也比在工作上不斷猜疑，反造成壓力大增，產生疾病來得好；也因為我們的開心，吸引更多開心的事情。

###  健康的身心靈

　　歸納人生各方各面都成功的人，在心態上與一般人不同，他們富有、健康、人際關係良好、快樂、滿足，湯瑪斯・史丹利（Thomas J. Stanley）博士也發現，富裕的成功者還有一項共通的特質——運動。

　　他們重視運動，讓自己的壓力得以紓解，充滿工作能量，有許多中年發福想減肥的人，下定決心要開始運動，結果跑步跑沒幾天，就說這邊痛、那邊痛，潛意識告訴自己跑步會傷膝蓋，睡眠才是最重要的，不斷找藉口，碰到難關就退縮，無法堅持下去。

　　其實難關的存在，是幫助我們去除不想要的事物，讓我們能更清楚自己做這選擇的意義，不只獲得我們心中想要的事物，也讓我們在爭取夢想的過程中，得以脫胎換骨、活出新的價值。

　　筆者試舉自己的故事，我每天清晨四點多起床，開始禮佛、做早

▲ 跑步加上游泳，繞完1/5個地球。

課，五點開始跑步，跑完十公里之後，又到泳池晨泳五百至一公里，每天確實執行，除非天氣因素或游泳池休息，就這樣持續整整兩年，現已跑了七千多公里、游了四百公里，若將兩個距離相加，我這兩年下來繞了將近1/5個地球。

有些人聽到我這樣說，會對我投以佩服的眼光，但其實這件事每個人都辦得到，只是大多數的人無法持之以恆而已。這兩年堅持下來，除了感覺身體越來越健康外，更將自己練成教練級的體魄；且我每天這樣做之後，心態也更正面、積極，獲得無比的收穫。

只要掌握成功的六大關鍵：事業有貴人提攜、提高自己的整合層次、建構企業七步驟、運用槓桿、明確的組織與健康身心靈，我們就能少走冤枉路，縮短摸索的時間，有更多時間可以形成對自身有利的條件，事事都能事半功倍。

## BU整合創富心靈術，突破企業與個人瓶頸

面對企業與個人工作的問題，我們同樣能將BU所學應用在創富心靈術上，以突破企業經營與個人工作的瓶頸，運用3到1法，讓自己進到α腦波層，將內心穩定下來，然後在心中觀想三個畫面，由右至左。

首先，右邊的畫面是目前工作上所面臨到的問題，記得觀想的畫面越細膩越好，並盡可能多停留一點時間，讓潛意識裡的視覺清晰。右邊觀想完之後，接著轉到中間的畫面，請想想你打算用什麼方法來解決工作上的問題。最後，將頭轉到最左邊，觀想在工作上遇到到的

問題已解決，出現成果的畫面，但因為是工作上面臨的問題，所以最後的成果不能只對自己有利，也要讓其他人受益，做到利己共好雙贏，互相得利。

且你在工作所面臨的問題，也可以運用冥想或夏威夷療法「Ho'oponopono荷歐波諾波諾」來改善，同樣能有效解除工作與日常生活，潛意識或無意識固化的命令與習慣，呈現零（空杯）狀態，了解自己是誰，使自己處於充滿靈感的狀態。

美國哈佛商業評論在2017年某篇文章，曾提到正念冥想與企業的應用，此內容正是目前BU課程在企業與個人輔導上所推動的課程，相信未來將有更多企業能使用正念管理，為企業帶來巨大的幫助。

大家一定都曾聽聞有些企業內部會產生鬥爭，不管是員工對員工，還是下屬對上司間的明爭暗鬥，表面上看似意志統一，可現實中卻充斥著相反的活動或不同的意見。對企業主來說，公司最需要的是員工能為公司的發展齊心協力，但每每只要團隊中有一人對其他成員不滿，就會導致所有人受到影響，公司的運作也因此受阻。

若以夏威夷療法的觀點來看，這就是神性的光被遮蔽，使公司的營運停滯，在這種情況下，要先反問自己：「到底是潛意識哪些資訊（過去的記憶）成為該員工對團隊不滿的原因？」然後在心裡默念夏威夷療法的四句話：「對不起、請原諒我、謝謝你、我愛你。」持續消除潛意識中的負面記憶。

再舉一個例子，例如A要去拜訪一位預計簽約的客戶，沒想到最後竟被拒絕，於是A決定試看看夏威夷療法「Ho'oponopono荷歐波諾波諾」，閉上眼睛說：「請刪除我潛意識中被拒絕的記憶。」並在心中默念「對不起、請原諒我、我愛你、謝謝你」，過段時間後，沒想

到A又突然接到客戶的電話，順利簽下合約。

　　有時若覺得工作狀況不是很好，工作效率特別低下，依照夏威夷療法的觀點，其實這是因為我們潛意識過去的記憶，不斷進行重播所致，這時候你可以立即刪除潛意識中「工作效率很低」的資訊，清理自己的潛意識，再觀察我們期望改變的事物，是否有朝向更美好的方向前進，將這體驗好好放在潛意識中，未來更有機會能幫助他人獲得美滿人生。

# 最新創富趨勢：區塊鏈的應用

一個好的創富成功方法，應具備以下三個基本條件。

🍃 有效，有實證結果產生。

🍃 不只針對某特定區域，少數人有效，具備大範圍、大部分人有效的國際性方法。

🍃 簡單、有系統、易懂、好應用。

在眾多的創富方法中，區塊鏈已受到大眾認可、證實有效，筆者鼓勵你可以試著去了解，並接觸與區塊鏈有關的創富工具，一般大多是投資虛擬貨幣，但以太坊創始人Vitalik Buterin曾公開表態，認為絕大部分的加密貨幣和ICO初創企業，最後都將以失敗告終。

目前市場上登記在案的虛擬貨幣約有兩千多種，還不包含那些聽都沒聽過，根本未登錄的山寨幣，若沒有清楚了解就貿然投資，很可能會使自己血本無歸。暢銷書《虛擬貨幣的魔法即賺力》便對虛擬貨幣提出很客觀的評價標準，認為投資虛擬貨幣應具備八大特點，若未符合，讀者可千萬不要碰。

**是否可用幣幣交換來取得比特幣**

虛擬貨幣雖然有上百種，但主流的虛擬貨幣其實並不多，如果要判斷虛擬貨幣是否可以投資，該虛擬貨幣必須跟最具代表性的比特幣交易。

像我們判斷實體貨幣是否可以使用，最簡單的方法就是拿到銀行，看能否換美金或其他國家的法定貨幣，且不管匯率是否很低，哪怕只能換到一元美金也好，因為這就代表該貨幣是有交易價值、能夠流通的，所以套用至虛擬貨幣亦同。

 **有明確目的性**

目的性指得是提出什麼解決方案，比如以太坊提出智能合約，其能解決資料正確性和安全性的問題。另外音樂幣則解決網路上的音樂版權問題，例如周杰倫唱了一首歌，有歌迷把這首歌上傳至YouTube，然後又被其他網友轉載，如果有一百萬次的轉載，這些轉載都跟周杰倫無關，最多就是幫周杰倫打廣告，但如果上傳YouTube的粉絲，他是將音樂放到區塊鏈的平台，透過該平台使音樂流到各地方，不管到哪裡，最終都會回到該平台，那凡是有轉載的網友，就必須支付周杰倫音樂幣，因為周杰倫具有版權，而區塊鏈技術從中保障了他的著作權，音樂幣因此被賦予價值。

 **完全公開的原始代碼**

可以投資的虛擬貨幣，它的原始碼一定要可以公開，要能在網路上供大家查詢，我們常會碰到一些人會說他們研發的幣很厲害，但原始碼屬於商業機密，所以不能給你看，只要聽到這句話，這種虛擬貨

幣就不太能碰了，因為它可能潛藏著很大的風險。

 **是否去中心化**

所有的虛擬貨幣都應該去中心化，而去中心化的概念就是該虛擬貨幣不能被某集團或公司所掌控，不會因為一間公司或國家的刻意打壓，就受到影響、無法交易。

 **擁有冷錢包，且錢包必須能在第三方錢包上使用**

例如我的錢可以放在台灣銀行、富邦銀行，再轉到上海銀行，投資虛擬貨幣也是一樣的道理，該貨幣要能在交易平台上提領，被第三方認可。但有的公司可能會對你說：「虛擬貨幣會先放到冷錢包，積極推廣後，冷錢包的虛擬貨幣才能轉移至熱錢包。」這種概念是錯誤的，冷錢包和熱錢包的差別只在於有沒有網路連線，是offline to online的概念，所以那種必須先放在冷錢包，必須積極推廣後，才能轉移使用的幣就不能碰。

 **登錄「國際交易平臺」**

在國際網站上可以查到有無登錄的貨幣，有登錄在案的虛擬貨幣，代表它至少有在幣圈內上櫃上市，但如果連登錄都沒有，那就很危險了。像坊間有很多不肖業者說得煞有其事、錢景看好，但在網路上卻查不到任何資料，這種貨幣就不可以碰。

 **全球都可以公開自由交易**

虛擬貨幣不會限制你只能在會員間內部交易，它無閉鎖期或釋出

率，更不會在購買時，提出幾倍槓桿贈送的優惠，而且它必須要全球都可以公開自由買賣才行，如果不能公開自由交易，這種幣就不可以買。

###  有公開總發行量，不可隨意更改

例如：比特幣兩千一百萬顆，以太幣一億顆。若該幣沒有公開發行量也不能碰，只要它可以無限制發行，最後可能落入辛巴威幣的下場，買一顆雞蛋就要好幾億，嚴重通貨膨脹，喪失價值。

區塊鍵的應用不侷限於虛擬貨幣，要確實理解它，必須真的去實驗、應用，若是把區塊鏈當作一種交易制度，那它就是一種基於網際網路重現所有人格、經濟、社會、法律、財產之間關係的制度性網際網路。

在網際網路領域當中，如果歸結到一點，我們可以發現這是以網際網路為基礎，點對點、人對人，當然也可以人對某一種財產，也可以是個虛擬的人對某虛擬財務之間的關係，這是一種點對點的邏輯關係。

只要找出人和人之間、人和物之間的關係，並加以確立，就可以透過網際網路把所有的人都點對點和網路化、立體化的連接起來，而將這些環節連接起來就是區塊鏈，你可能不知道，區塊鏈其實是人類制度體系當中最根本的一環。

是從什麼時候，我們的財富開始產生重大變化呢？從什麼時候，生活方式發生了劇烈地變化呢？是什麼制度的誘發、催生了自我生長的變化呢？答案是「交易」！交易制度開始產生的時候，替人類、歷

史、全球產生重大變化，創造出市場經濟制度。

市場經濟制度讓我們能將自己生產的東西、多餘的東西，在市場中找到需求者賣給他，點對點之間的關係也由此開始產生。一個國家、一個民族、一個人如果想富裕，一定是把自己的東西和其他人的東西進行交換，一旦交換就會有分工，就可以專業化，一交換就可以讓批量性的東西規模放大。

人類從此開始了工業化、城市化，把一切的交易關係放大，世界因而發生集體的變化：而開始交易後，又產生了信用、產生了互利、成長，產生了一切的商業邏輯，一直發展至今，生活以網際網路為基礎，把人們已穩定使用的交易關係，將它系統化，更具有邏輯，這就是區塊鏈。

現今區塊鏈解決的生產問題、交換問題，原先經過交易費用解決時，無非表現為一個中心，貨幣雖然是解決交易最好的工具，可以反映所有交易者的信用，但貨幣會通膨，各國的央行發多少貨幣，反映了他們對時代的信任，發行多了便反映出非時代信任，這就是通膨。

人們必須有貨幣的中心體制管理，因此，人們為貨幣組建了一個個體系，貨幣在流通過程中，要兌換、交易、報銷、核驗票據的真實與否等，會延伸出許多的問題，而這些問題，其實都可以構成一個交易費用的中心化和組織化。

如果能去中心化，節省交易費用，便能解決最根本的問題，點對點，從底層由下至上，人類所擁有的智慧是個體的智慧、利益是個體的利益，當把個體的智慧和利益與別人進行交換時，就是追求利益最

大化的時候。

滿足了別人利益的最大化，才能實現自身利益的最大化，這是透過交易能實現的，當理性的東西透過交易實現時，只要交易產品足夠大、資產足夠大、交易規定下的社會行為規定足夠大，人類的GDP便會增多，整個人類的福利也會增多。

今天，人們看到這種邏輯時發現，交易的背後一定要滿足基礎性的產權擁有者個體開始的前提。個體是理性的，集體不僅交易成本高，而且集體不是個體理性的加和，更不是個體理性的化學反應增量，因為它交易成本高和組織成本高，它會使理性利益降低。那為什麼區塊鏈可以解決這個問題呢？

區塊鏈是底層設計，而市場經濟是一個個設計的累積，是一個集體集合的智慧，不是集中的智慧，集中無理性，一定會傷害部分個體的利益，來滿足另一部分個體，總體來看利益是下降的；而集合是基於底層向上的集合，才會產生有效的利益膨脹，以及公平的利益分享。

在未來，我們可以預見各行各業將運用區塊鏈的技術，打造出一個點對點的互動模式，以去中心化的技術，在背後支撐。且，負責維護區塊鏈網路上的工作者，都沒有固定的老闆，他們都是為了獲得區塊鏈獎勵而來工作的，只需要按照區塊鏈的規則工作，不需要老闆來領導；換句話說，其實他們每個人都是老闆，不僅省下一部分資源，更省下一大筆開銷。

放眼未來，生活中的各種商業模式都有機會透過區塊鏈進行優化，各行各業也都有機會利用區塊鏈轉型，開創新局面。

## 單元練習

### 吸引力法則讓你確實吸引財富

利用十分鐘時間，複習前面章節所提到的吸引力法則。

- 找出自己的內心，假如已經富裕、達成目標了，內心最想要的情緒是什麼？
- 找到達成富裕目標的感官，聽到什麼、看到什麼、觸碰到什麼、聞到什麼。
- 確認心中這利他心的財富目標，感謝神性智慧（或者統稱宇宙）實現目標。
- 調整潛意識的核心信念。
- 處理潛意識中受困情緒。
- 運用創富心靈術，讓潛意識明確利他心的目標。
- 運用夏威夷療法「Ho'oponopono荷歐波諾波諾」，對潛意識中阻礙財富的累世業力進行清理。
- 保持利他心。
- 將靈感與直覺轉變成可以賺錢的商業模式。
- 努力實現目標，感恩宇宙幫助我們實現夢想。

精華 *Review*

- 顧客因為想解決自己的痛點，所以才會購買我們的商品或服務，但許多企業都忽略交易後，顧客心中的問題到底有沒有真正解決。

- 華特・迪士尼（Walt Disney）曾說，他擁有夢想家、實踐家、批評家這三個情境的房間，每次都會在這三個房間來回走動，因而能激發出驚人的創意。

- 具備國際觀的商業模式，有四個重要元素：設計價值信念，感動自己與員工，共同成就彼此夢想。建立標準作業流程進而推向客製化，專業分工以建立可以國際合作的模式，提供合作對象在品牌價值上的對價關係。

- NLP的聆聽，不只是被動的「聽」，還要向對方提問，詢問「你的想法是什麼？」、「你的感覺是什麼？」、「你的情緒是什麼？」將對方真正的答案引導出來。

- 傑出創業家在兩個必要條件下，才能建立起偉大的企業。首先，聚焦於自己熟悉的領域；第二，發明一種全世界每天都會使用的服務或商品。換句話說，想發財就要找適合自己的生意來做，而不是最賺錢的生意。

- Business & You課程尤其重視創業家精神：熱情、學習、正向、利他、當責。

🏷 創業家因為有使命、有責任、有實踐力，所以能獲得更多成功創富的機會；有規劃的人生是藍圖，沒有規劃的人生則是拼圖。

🏷 Business & You 國際級課程如同一棵大樹，能協助自己創造由內而外的富足。

🏷 員工績效不彰前五大原因，他們不知道自己要做什麼？他們不知道自己該怎麼做？他們不知道自己為什麼要做？他們不認為應該做這件事，覺得自己的做法比較好。

🏷 60％以上的公司之所以績效不彰，是因為直屬上司的回饋不夠，且絕大多數的員工認為主管相當平庸，甚至會影響他們工作。

🏷 Business & You國際級課程歸納成功六大關鍵：

1.事業有貴人提攜。

2.提高自己整合資源的層次。

3.建構企業的成功七步驟。

4.運用槓桿。

5.明確的系統與組織。

6.健康的身心靈。

# 由內而外的
# 創富人生

# 建立由內而外的富足

　　過去十多年來，筆者輔導超過三百家企業，不論是製造業、服務業……舉凡經營策略規劃、營運目標管理、組織結構調整、人力資源藍圖設計、工作流程改善、財務預算制度建立、商業模式創新……等，運用了許多工具及方法，協助優秀的團隊創造卓越的績效，也因此發現，績效成長至一個階段後，通常會開始產生瓶頸，好比一個週期循環。

　　觀察公司發展、創新成功的關鍵，不再只是基於聰明才智及高超的管理手法，企業成功的關鍵在於人的心念，也就是我們內在的潛能是否有被打開。就算提供再好的工具及方法給企業使用，但做事的畢竟還是人，當事人能否發自內心地改變，運用這些方法，不是我們能左右的，所以當事人的心念，是能否改變的主要關鍵。

　　而如何觸發當事人改變的啟動鈕，讓自己的內在與外在合而為一，就成了我們這群輔導顧問最具挑戰的課題，筆者多年來始終在探討這個問題，這幾年甚至投入更多的時間與精力在人的內在潛能，積極研究並進行自我實驗。

　　絕大多數的人都以為自己是憑著表意識，在創造、實現願望，一直以為自己是透過表意識經營生活，所以，當我們無法順利達成目標、遭遇失敗時，通常會認為自己是迫於現實環境的受害者，因為環境、資源狀態阻礙我們達成願望。

然而，根據科學證實，我們平時其實僅有5％的時間，是由表意識在主導，95％以上的時間都是由潛意識塑造。潛意識不需要表意識的核可與監督便能獨立執行，更準確一點說，表意識其實很難去控制潛意識，我們日常生活中的大小事務，大多是由潛意識直接做決定，我們下意識地產生行為，可是我們卻始終認為是表意識在調配行為，這是非常大的錯覺。

而且，潛意識的主要運作模式，早在我們六歲前就已經固定，這些運作模式大都具有限制性，即便我們決定要正向、積極，但只要潛意識反對，認為這是負面、有限制性的，我們的願望和行動便會因此落空。

在筆者輔導與實踐的過程中，會對企業主、高階主管、決策者或經理人進行直覺能力的提升，授予技巧並將其負面情緒釋放，便能逐漸看到這群有影響力的高層，開始感覺願景、夢想有被實現的可能。

有了如此振奮人心的進步後，筆者就會開始培養團隊成員自我內在改變，從組織高層往下推展至員工個人內在的改變，當大家的內在出現改變後，再拉回企業商業模式的創新與運作上，畢竟企業之所以有輔導需求，便是希望能創造更大的利益。

經過一段時間的蛻變，看到企業從上到下，開始有了些微的變化，大家開始關注在解決方案能否掌握顧客痛點與企業獲利，而非單純以本位主義的角度去看自身狀態，能站在企業更高的商業層次，甚至擴及到社會其他人的利益上做考量。

例如，利用周末時間帶領員工至社會福利機構進行公益服務，或是規畫預算至社會捐贈，這些變化都是筆者在輔導企業時，希望他們達到的一個重點，為自身以外的第三者創造利益，共享雙贏，讓企業

的心靈能量正向發展外，社會價值也因此提升。

　　許多經過輔導的企業，其企業主開始轉念，即便少賺一點錢，也要創造社會價值，且實際收益報表也證實，企業的年度獲利其實並未真的減少，反而帶來不錯的營運績效及口碑，形成一股正向的效應。當我們將重心放在企業組織的內在來改善與提升，形成突破發展瓶頸的一種方式，這部分的成果，相信在未來會更趨於明顯。

　　回顧前面章節，現今許多創富方法都低估了內在狀態的重要性，大多只重視得到成功的外在表現形式，認為得到財富、擁有社會認可的地位及名望，我們的人生就會因此快樂。

　　暢銷書《信念的力量》作者布魯斯‧立普頓（Bruce Lipton）提及，依靠意志力改變與意志力反方向的潛意識信念，成功率約為百萬分之一，如果想成功，就要找到修改潛意識信念的機制，讓負面程式改寫成正面程式。

　　亞歷山大‧洛伊德（Alexander Loyd）博士也主張，外在永遠無法創造內在，然而內在永遠是外在的起因，最終能否創造出自己想要的外在狀況，完全取決於愛、喜悅、平靜等內在狀態，因此大師們都強調內在狀態的重要。

　　史丹佛大學量子力學專家威廉‧提勒（William Tiler）教授研究發現，不可見的內在永遠是可見的外在之母，外在的物質世界很容易被看見、被宣傳，甚至被視為成功的代名詞，但那些看不見的事物其實才是我們真正渴望的。億萬富翁哈福‧艾克（T. Harv Eker）也支持這項論點，強調改變外在財富前，你必須先改變自己內在財富的心靈狀態。

　　上述觀點也被實證內在是外在財富的起因，所以，我們首先要找

到內在創富的元素，再運用外在創富的方法，來創造自己一輩子的富足，而不是短暫的財富。因此，筆者也一直強調要先將夢想板製作出來，讓自己的心靈圖像有清楚明確的方向，根據亞歷山大·洛伊德博士的說法，有99％的人對自己的心念圖毫無頭緒，當然就沒有辦法嘗試做這件事情，所以難以累積財富。

在現今忙碌的社會，有太多人不斷在追求事業、財富、成就，並誤以為那是喜悅、愛、平靜的內在狀態，其實不然，內在反而才是通往外在，創在財富、健康及成就的先決條件。至於外在創富的方法，要再次向讀者推薦Business & You國際級課程（簡稱BU），因為BU課程除了有邏輯、系統地教導賺錢方法及技巧外，也有內在的潛能培訓課程，確實調整我們的內在身心靈，更有戶外體驗課，這是別的培訓課所無法提供的；另外也提供行銷、商業模式、經營管理、創業為核心的課程，將內外整合，確實打造幸福的創富人生。

且BU也同樣強調創造由內而外的富足，協助我們釐清，將未來五年後想要的理想生活設定好，更特別針對理想生活的關鍵因素加以探討。筆者認為它將使我們個人提升更高的心靈層次、商業經營層次、財富創造層次與幸福快樂層次，只要我們能掌握成功的關鍵因素，就知道該如何自我激勵，實踐創業家的精神，培養自己頂尖的成就特質，學習最佳銷售策略，以期賺取更多的錢、創造更多的客戶，讓事業和生活大幅躍進。

BU如同一棵大樹，能自行生成、創造由內而外的富足，不斷成長，使自己更加茁壯、美好；內在決定外在，如果將愛、真誠、和諧、感恩視為自己的內在原則，身旁的人必會感受到外顯出來的氣質與風範。

　　BU課程豐富又具有彈性，取決於我們想運用哪一部分的商業領域、範疇來開展自己的商業活動，多方學習或單學習個人欠缺的課程，倘若錯過此國際級課程，我們將再次與創富擦身而過。

　　是否能成功，真正的問題都在自己，先試著問問自己：「人生目標是什麼？」再運用NLP八大框架設定自己的夢想，藉由這八大框架檢視自己想要什麼成果，如果確定會有這個成果，那這成果會在哪裡發生？跟誰一起完成？達到這個成果時，人生又會有什麼改變？人生改變後，對你將會有什麼意義……等多個內心問題。

　　創造一個潛意識與表意識都認同的信念，認同自己擁有富足的人生，認同自己愛自己，覺得自己確實有價值，真心欣賞且接納自己；當表意識與潛意識的想法一致時，我們的努力就能顯化於外在，建立起由內而外的富足人生、創富人生。

# 自我激勵，人生掌握在自己手中

我們現在已明確知道，為什麼必須先有內在，才能加速通往外在的道路，而非先擁有外在再加速形成內在，如果要成功建立自我激勵的正面情緒，就要使用前面提到的NLP心錨應用；我們每個人其實每天都在「設定」心錨與「解除」心錨，是一種條件反射的技術，只是我們沒有意識到而已。

在NLP，任何能改變我們心態的東西都稱為「心錨」，它可以在任何時間，儲存或啟動某種特別感覺或心態，以便在需要時，能隨時調整我們的心境，最有名的例子就是前文有提到的「巴夫洛夫的狗」。

筆者這邊再舉一例，有個人的父親去世，告別式那天來了許多親朋好友，大家看他非常哀傷，就走上前安慰，拍拍他的肩膀要他節哀順變，前前後後有好幾十人拍了他的肩膀。過了一年後，他已走出傷痛，生日時又邀請這些親朋好友跟他一同慶祝，好友上前向他祝賀，有些人不經意地拍了拍他的肩膀，他的表情頓時變得非常哀傷，因為一年前父親過世時，也同樣被連續拍肩，便不自覺地將這個動作記憶下來，所以現在只要有人拍他的肩膀，就會讓他想起父親告別式那天。

NLP認為事件和事件所引發的感受是可以分離的，人們記得的不是事件，而是事件所帶來的感受，這也是潛意識厲害之處，像大家常

說的觸景生情，就是一種心錨的概念，這也是潛意識所造成。例如某個人很害怕上台演講，只要一上台，兩腳就不停地抖動，拿著麥克風的手不停地流汗，這時就可以靠心錨，來改善他的焦慮感。

首先，讓這個人回想過去上台領獎的畫面，如果他想到過去獲獎的畫面，當時非常高興、開心，我們再將高興的感覺與得獎這件事分離，即便得獎是很多年前的事，但只要想到就會很開心，而這股喜悅就是潛意識所提供的資訊。

如果接下來即將要上台演講，第一步請先回想當初的得獎經驗，讓自己再次感受心中的喜悅，並留意眼中看到的是什麼（看到的畫面要與演講會場類似，例如牆壁、燈光、講桌、座椅），耳中聽到的是什麼（主持人聲音、特定音樂曲目），自己對自己說了什麼（回想是否說了什麼話），衣服顏色、身體的動作、姿勢、身體感覺等，讓所有留意到的記憶重新回憶一次，把這些情緒以觸覺心錨的方式，用手觸碰身上某個部位加以連結，未來只要做出這觸覺心錨，就可以再次感受那股喜悅。

第二步，上台時將得獎畫面與現在的演講場景連結，讓自己做出特定心錨，再次感受高興的情緒，並以觸覺心錨的方式，用手觸碰身上任一部位，建立上台的心錨，與正面的情緒連結，製造一種存在的狀態。這樣當你看見台下聽眾時，心情就會變得輕鬆愉快，受到先前領獎的雀躍感影響，這就是製造正面情緒的心錨。

建立心錨，有幾個重點要掌握：首先，建立心錨要掌握達到高峰的前一刻；其次，這個狀態是強烈的；再者，動作要獨特且簡單明確，而且要一直重覆練習。心錨是一個可以讓我們創造成功與自我激勵模式的好方法，當我們內在富足，就能在喜悅、平靜與愛之中，吸

引到更多外在成功富足的方法。

如果我們心裡有想達到的目標，那內在潛意識就要有成功目標的信念，才能讓行為、心態上有著已達成目標的心情狀態，如此一來，人生就會照著心中的劇本演出。人的心靈具有創造能力，人生中的各種狀況，都來自於我們心態所造成的結果，一個人的心態如何，取決於他的思想，所以，財富創造也取決於我們的思考方式。

亞歷山大‧洛伊德（Alexander Loyd）博士也認為，生活中所有的問題，之所以使你無法快樂、成功，大都源自於某種形式的內在恐懼狀態，而每種內在恐懼狀態，起因都是那個問題缺少了愛。

哈佛大學曾歷時七十五年進行葛蘭特（Grant）研究計畫，耗資兩千多萬美元研究哪些因素能促進人類快樂、成功，結果答案竟然用一個字就可以完整表達，那就是──愛。

當我們想要達到的創富目標裡，沒有包含愛的元素，那努力的過程，就如同推動一個大石頭前進般，沉重而費力，終將無法達到最成功的狀態。

真正的成功，是無論目前處境如何，當下於內在與外在都活在愛中，只要做到這一點，內外在的一切都會好轉。亞歷山大‧洛伊德博士也提到人生終極的成功目標的故事，在一次研討會中，他提出三個問題詢問在場學員。

第一，我現在最想要的事物是什麼？第二，如果我獲得了第一個問題最想要的事物，將會對人生產生什麼改變？第三，得到問題一與問題二的事物後，將會有什麼感覺？

一位甜美可愛的女士分享她的第一個答案是「一百萬美金」；問題二的答案是我們大家也猜得到的答案，付清帳單、度假旅遊、輕鬆

過日子；再接下來的第三個問題答案是「平靜」，所以，金錢就等於平靜。

亞歷山大・洛伊德博士很巧妙地回應：「有沒有可能心中『真正』想要的，其實是平靜，但我們卻以為錢才是唯一能讓自己獲得內在平靜的方法？」這直指人心的問題，讓這位女士當眾大哭起來，平靜下來後她告訴在場的人，在這之前，她都以為自己最想要的是錢，一直汲汲營營地追求財富，但始終未覺得自己開心過，如今才發現自己最想要的，就是簡單的「平靜」。

這是一段值得深思而有智慧的人生啟發故事，也讓我們有更深的體悟，創造財富是我們換取人生真正想要的內在方法，但如果沒有找到內在目標，僅擁有外在目標，只會帶給我們一時的興奮快樂，空虛感仍會侵襲我們，有時也會讓我們迷失在物質世界中。所以，找到自己內在真正想要的，才會提升我們對外在創富的價值。

在這忙碌的社會中，有太多人不斷在追求事業、財富、成就，並誤以為那是喜悅、愛、平靜的內在狀態，其實不然，內在的喜樂反而才是通往外在創造財富、健康、成就的先決條件。

我們最常提到的激勵大師安東尼・羅賓（Anthony Robbins），他每天都會進行心錨激勵，早上睡醒先坐在床邊，想像一隻手能替自己帶來成功、財富、幸福……等正面感受，然後迅速將這隻手朝自己臉上衝過來，想像這些成功的感受完全進入到內心後，才開始他一天的工作，這就是將心錨與內在愛、成功、幸福整合為一的有效自我激勵模式。

前幾年有部與潛意識有關的電影《全面啟動》，這部電影主角為一名「盜夢者」（李奧納多飾演），利用潛意識進入別人的夢境進

行商業活動。這個角度反映出，每個人都會作夢，但一般卻難以在清醒時掌握夢境，所以人們企圖從夢境去解釋現實生活所發生的事情，深入了解夢境真正的意義。而本書的創富心靈術能為這部電影提供解答，心靈術有一個方法能控制做夢，我們可以藉由心靈術，對日有所思的問題，在夜有所夢中獲得解答。

如同前面章節所說，首先我們先設定問題解決，想要的共好、有利他心的夢想畫面，先讓自己觀想目標實現後的感覺，然後進行心靈術的3到1法，快速進入 $\alpha$ 腦波層，創造由右到左的心靈畫面。

右邊畫面是目前所面臨的問題，左邊的畫面是希望這個的問題被解決了，有利他心的畫面，也就是最後實現的願望。然後，在心裡告訴自己：「我要記得一個夢，這個夢能解決我心中的這個問題，我將做這樣的夢並且理解它。」記得，觀想時畫面越詳細越好。

之後，自己可能會在半夜醒來或隔日起床，請記住這個夢，立刻記錄下來，避免忘記這個夢，這是實際可控制做夢的方法，讓人以科學的方式來理解夢境，也能藉由潛意識的運作，協助我們找到解決問題的方法，是相當積極、正向的控制夢的技術。

《全面啟動》影片中，也談到主角與逝世妻子的關係，主角因過去壓抑的創傷，潛意識受到影響，主角對妻子的死亡，感到深深的愧疚與自責，因而下意識地對自己所執行的任務產生抗拒，啟動防衛機制。

這說明了對於壓抑的創傷會進入潛意識，對人產生影響，越是傷痛的記憶越容易被壓抑，這個傷痛也會被潛意識隱藏起來，產生看不見的負面情緒，形成潛意識的保護機制，在日常意識下影響著我們，讓我們一心想要改變、接受正面情緒，但因為潛意識的信念與表意識

不同，只好又回到潛意識主宰的現實生活中，使我們的願望破滅。

所以，如果一個人因為過去的創傷，導致內在核心信念出問題，他的人生每次遇到某些關卡時候，就會再跌倒，當這個人又跌倒時，不曉得又要浪費多少歲月。

電影中的主角了解傷痛，並願意探索自己愧疚的情緒來源，向他人開誠布公地坦承這樣的情緒以及事件的始末，提起勇氣面對死去的妻子，正視且接受它，然後釋懷過去，真正放下過去所造就的陰影及創傷，不再以一種愧疚的心態面對過去，學會珍視過往的美好、原諒自己。

來上課的許多學員同樣也有遇到這種問題，可惜的是，過去家庭與學校並沒有教我們如何處理情緒和挫折。假如傷心時怎麼辦？被拋棄時怎麼辦？只要我們默默地將苦楚往肚裡吞，情緒就會形成病痛，造成潛意識產生限制性的信念。有時我們可能早忘了過去曾經生命中，在小時候有一段傷痛記憶，可這傷痛記憶卻往往是導致無法實現人生夢想的主因；所以，透過與潛意識溝通，將受困情緒釋放掉，調整正面、健康的內在信念後，整個人產生180度的大轉變，變得開朗、有自信。

《全面啟動》這部影片中，同時表達一個很重要的概念，就是集體潛意識，這與莫菲博士的說法相同，同樣是心理分析學派中榮格提出了「集體潛意識」的概念，彼此之間相互影響，這也是心靈術能改變客觀人、事、物的依據，透過心靈術，將工作、生活中的困難、阻礙，藉由心靈術不斷觀想願望、夢想的畫面，最後真正被實現。

筆者一直強調內在的重要性，其關鍵又在於潛意識，我們都以為可以控制自己的行為、想法與感覺，但根據先前所說的，為什麼我們

會有這種感覺、會這樣思考，為什麼會變成現在這個狀況，其實都與潛意識有關；我們以為自己在做的事，和自己真正所做的事，差異可能很大。大部分的時間，我們都是任由

▲ 透過肌肉測試了解潛意識的核心信念。

潛意識驅使，包含未來創富的人生信念，唯有重新在潛意識植入正面情緒，改變潛意識的信念，才能真正控制自己的行為，不再被潛意識主宰我們的命運。

當表意識與潛意識方向一致時，人生將掌握在自己的意識層面，由意識決定我們未來想要的樣子，到目前我們學習運用創富心靈術中的觀想，用意識來建立心靈螢幕，讓心靈螢幕直接以 $\alpha$ 波傳遞至潛意識中，建立起我們想要達到創富的夢想，實現這夢想；且我們在傳遞 $\alpha$ 波時，也要將夏威夷療法「Ho'oponopono荷歐波諾波諾」四句話，植入我們的潛意識與無意識之中，清理生命中的垃圾。

有一件事需要說明的是，當我們運用書中所介紹的方法，每日不間斷地練習，但也有可能產生事與願違的情況，請不要因此感到灰心喪志，認為這種方法對自己沒有效，或是當我們學完方法，問題反而都出來了，這代表在與內在溝通後，潛意識讓我們知道出現了問題。

因為，我們的期望與意念，對宇宙最後想呈現的或許會有不同，宇宙會以自己的方式與時機運作，並給出一個答案，這個答案有時反而會帶給我們更多意外的驚喜。我們可以決定面對失望的方法，但如果我們相信宇宙會做出最適合的安排，就放手吧，全然信任，反而是

幸福的開始。

　　面對人生的問題，書中的練習讓大家看到，人生還有更加便捷的解決方式，只要選擇新的解法，大多問題都能在不受挫、不掉淚的情況下解決，即使是過去盤踞心頭已久的煩惱，只要我們願意按照書上的做法，貫徹執行，每天練習與運用，也能領悟出人生其實是有解的，並沒有想像中這麼困難。

　　任何的學習，唯有自己親自體驗過了，在自己身上得到證明，我們才會知道那是不是真的，本書所提供的觀念與工具，值得大家借鏡。至於要不要去做，就看你了，歡迎進入創造財富、翻轉人生經濟，找到幸福與快樂人生的新境界。

# 創富自己也成就他人，
# 共享創富人生

　　身心靈平衡與擁有財富的人，不會老想著自己沒有的東西，他們在追求自己想要的東西時，不忘對已擁有的東西心存感激。開口抱怨只會成為受害者，而只要成為受害者，就無法獲得人生想要的東西，反會替自己招來更多不想要的束西。

　　所以，當我們覺得自己做不到時，要檢視自己的核心信念是否有偏差，增強自己的心態，運用所有能掌握的力量去追求，告訴自己沒有什麼是不可能的，我一定做得到，當我們越是反覆去做，越是相信就會變得越自然。每天重複某些想法，神經網就會變得更為強大，外在的世界與經濟狀況的信念，便是我們的思想創造出來的。

　　《塔木德》聖經中有句話：「最偉大的善行，就是讓一個人從此不必再接受別人的善行；最好的施予，就是讓一個人有能力去施予別人。」當人們想起你時，會認為你是什麼樣的人？很有創意？值得信任？為人正派？能為這社會帶來改變？

　　創造美好的世界，是我們身為人所存在的價值，而我們誕生於這地球上，所以我們能創造自己的人生，這也是上天期待看到的樣子，積極、正向、努力、喜悅、富足，明白創造財富要先從內在身心靈做起；創造內在富足，才能發揮吸引力法則，以創造外在富足，從而建立起由內而外的富足。

　　所以，筆者也成立「啟動夢想加速器」這個品牌，期許自己能將自身專業，經由「啟動夢想加速器」的平台，協助擔負家庭經濟的人改變，走出目前的發展瓶頸，實現自己翻轉人生經濟，創造家庭、工作、事業幸福，且身心靈同步平衡的夢想；唯有每個人都財務自主時，才能照顧好家庭、父母、小孩，並幫助更多人走向幸福。

　　根據相關機構的調查，近年現代人開始尋求自我角色破框的時機點，開始對身心靈生活趨勢展開需求，人們已從早期「頭痛醫頭、腳痛醫腳」的被動式觀念，走向自我察覺、及早預防的主動式觀念，試圖透過心理與精神層面的平衡，走向更富裕的人生。

企業主學員專注做筆記

學員專注凝聽神情

講師引導學員記錄重點

課程設計體驗練習活動

課程設計體驗練習活動

課程設計體驗練習活動

重視雙向溝通釐清觀念

學員課堂踴躍提問

講師引導學員示範動作

▲ 超越目標的內在潛能培訓。

「啟動夢想加速器」也提供豐富的課程、輔導資源，包含內在心靈層面管理，超越目標的內在潛能培訓，如同一棵BU之樹，協助自己創造由內而外的富足，學習創造富足，來進化、升級大腦與心智，讓生命更豐盛、美好，淨化每位學員正確創富的人生觀，發展個人天賦與潛在能力，以適應多變弔詭的商業競爭市場，進而連結企業目標，達到事半功倍、以終為始的內外創富修練。

　　如同本書所主張，由內而外的成功，方為真正的成功，透過內在心靈創富，讓學員學習內在的自我管理與提升能力，搭配後續外在經營管理的課程，真正創造由內而外富足的個人與企業，並分別設計半天（3～4小時）、一天（6～7小時）及兩天共識營等三階段的課程。

　　半天的心靈潛能培訓課程，超越一般商業管理類課程，著重在心靈洗滌與觀念掌握，包含正念冥想，在講師帶領冥想的過程中，讓學員感受到幸福與完整，變得有智慧、有愛心、更樂意付出、有決心、身體更健康，產生完整、幸福、了然、信任、富足感覺。此外，也一同傳授夏威夷療法「Ho'oponopono荷歐波諾波諾」，講授克服工作障礙、問題解決與創造人生富足的問句設定與改善方式。

　　在一日課程中，重視互動體驗，引導學員深入了解潛意識與表意識是否站在同一陣線，還是彼此違背，帶領學員進行感恩冥想與創富心靈術，讓學員能解決工作、家庭、經濟與生活上的瓶頸，找到解決的方法。

　　課程中，藉由互動溝通，讓學員確認自己內在核心信念是否正確，並釋放負面情緒，由於過往上過課的學員反應熱烈、受益良多，讓筆者的團隊深切感受到宇宙賦予我們的使命與責任，未來也將持續設計更多精彩的課程來感恩學員、讀者廣大的支持與迴響。

　　人生不能重來，但我們可以不斷進行修正，這也是打開自己心門，取捨人生最高明的作法，每個人的成功與否，取決於自己是否有遠大的夢想，以及將夢想實現的毅力，若能讓公司持續發展、永續經營的計畫更好。

　　生命中，不可能所有事情皆盡如人意，但目標設定得越高，成就也會越高，因此，符合常理的想法是盡量以最大的願景為起點，讓自己從頭開始全力以赴。所以，兩日共識營的課程設計中，主要以企業經營團隊或中高階主管為目標對象，培訓內容重視互動體驗外，也融入輔導元素，應用NLP目標框架模式，協助學員建立目標願景，同時掌握企業目標與自己人生的目標。

　　在企業界，年終分紅並不等同自我證明，能改變人生的自我肯定，往往來自於那些看似不重要的評語，而這種評語經常是從我們最敬重的對象口中說出來，因此，課程活動將帶領學員運用感謝與讚美，讓學員感受到團隊背後支持的力量，對自我價值的肯定。

　　企業經營的成敗，最終關鍵取決於人的心念，企業經營不能只單從表意識著手，許多障礙來自於企業成員的內在，由於課程內容與一般帶領學員於戶外挑戰自我的活動、表意識的激勵活動完全不同。

　　如同前面章節所述，一般的企業共識營活動，只會帶來短暫且表象的自我激勵，當活動結束後，過了兩個禮拜，那種激情也逐漸淡化，參加的學員根本沒辦法再把它們找回來，無法重拾那種激勵的效

果，結果又回到原先搖擺不定的狀態。

　　兩天的共識營課程，授課講師會循序漸近地協助學員，讓他們掌握個人目標與公司目標結合的方法，協調潛意識與表意識相互合作，善用潛意識協助解決問題、處理負面情緒、植入正面信念，建立創造力，且這些效益都是長久的，而非短暫的。

　　好的方法要人人都學得會，隨時可以在家、在上班空檔應用，並自我深化，讓自己內在更持續豐盛精進；且這種方法要能經得起科學驗證，相較於其他課程，無法持續自我練習而提升，我們的課程更能顯現出何者的效益較理想，這也是啟動夢想加速器能受到許多企業、中高階主管肯定的原因之一。

　　啟動夢想加速器的輔導課程與一般輔導課程有所差異，強調以終為始的國際化輔導，從一開始的望、聞、問、切，掌握企業經營體質。如同人的體質是否健康，我們可以透過醫師望、聞、問、切的方式，以及儀器設備診斷出來的數據，來了解身體健康指數是否正常；企業也是相同道理，藉由企業診斷，了解經營上的癥結，加以修正。

　　望以目察，聞以耳占、問以言審、切以指參，明斯診道，識病根源。「望」就是眼睛所查覺到的靜態與動態面貌，例如業者的作業現場、空間建物、員工的言行舉止等。「聞」就是聽到與感覺到的想法，聽到作業聲音是否正常、感覺到工作氣氛是否融洽、積極等，反映出該公司企業文化。「問」則是與該公司關鍵成員訪談，瞭解其態度與對經營目標、工作期望的看法。最後，「切」是透過掌握到的關鍵數據與所望、所聞與所問來進行交叉驗證，做整體判斷，提出經營體質分數，以徹底提升綜效。

　　經營體質不佳，通常會阻礙業者國際化的能力，以筆者過去輔導

▲ 強調以終為始的國際化輔導。

業者超過百家，訪視逾千家業者的心得，問題一般反映在幾個方面。首要便是財務，現金流的控制能力上比較弱，沒有做計畫預算，費用沒有標準化，缺乏資料間數字的勾稽能力。二

在業務上，未建立資料庫，無法了解消費者的習慣與消費偏好，對於如何協助公司推陳出新商品，缺乏更精準的預測；再者在服務上，作業標準缺乏優化，沒有手冊或作業指導書依循，或內容過於繁複，不好使用。

而人力資源上，員工的流動率高，缺乏明確升遷管道與績效考核的方法，薪酬制度也不明確，常依據主管想法而變動，沒有一套規則可循。最後研發上，欠缺明確的研發計畫與研發目標，或是研發方向與顧客心中期望出現落差，達不到市場要求；尤有甚者，商品推陳出新，價格表上品項越來越多，到底哪些要下架、難以割愛、躊躇不前，類似的狀況困擾著許多業者。

企業應勇於面對經營體質不好的原因，人們往往相信錯誤是無法避免的，不僅接受錯誤並且預期錯誤可能發生。對於一位積極且能預防錯誤發生的人，錯誤發生機率將低於其他人，一個人對自己的容忍、妥協，往往是錯誤不斷發生的起因，業者要認清錯誤之所以發生，主要來自兩大原因，第一是缺乏知識、技能；再者則是缺乏注意

台灣百貨公司鐵板燒第一品牌

感謝范博士，輔導我們建立SOP
與經營管理系統，讓海外代理商
更信任我們！

台灣鐵板燒、壽喜燒
雙燒吃到飽霸主

感謝范博士。從心理層次到經營
管埋層次的輔導，讓我們能看的
更高、更遠、更有自信！

台灣本土連鎖健身品牌

感謝范顧問，輔導我們降低經營
管理成本，進行流程改善，並爭
取科專經費補助！

「企業經營的成敗，最終關鍵取決於人的心念」

范清松博士

#啟動夢想加速器執行長

#身心靈成長與經營管理的實戰派專家

#輔導企業家數300家以上

▲ 輔導成果的客戶見證分享

力與養成不良態度，當業者缺乏知識或技能，也就想不到是經營體質哪裡不夠健全完備，維繫到後續管理上，容易演變成經常救火，不斷處理突發事件，疲於奔命，更遑論公司有心靜下來、深思熟慮，依據目標計畫來進行管理。

啟動夢想加速器輔導團隊，具備專業的企業研究與數十年以上的產業實務經驗，完整結合理論與實務，成功輔導中型企業與新創企業經營管理上百家以上，具備國際培訓系統的專業的知識經驗，輔導與培訓成果受到肯定與感謝，同時有成功的企業見證，獲得滿意度五顆星的殊榮。許多輔導過的企業均成為長期合作夥伴，不僅企業成長，也在資源整合上，獲得更多無形的價值，形成輔導聚落，共創雙贏共好。

有些人在求學階段，再也沒有開口與父親或母親，甚至和其他長輩開口說過話，雖然自己也知道這樣做很沒有意義，但礙於面子，也拉不下臉主動去改變彼此的關係，於是就維持生硬、尷尬的互動。

根據哈佛商業評論的研究顯示，美國每年因工作壓力導致死亡的人數有十二萬人，與東方人比較，最大壓力族群是在三十五至四十五歲，有家庭與事業基礎的人，因為有家庭的經濟壓力、工作壓力、扶養父母小孩的壓力，甚至連夫妻相處的壓力，都會影響到健康、幸福人生、財富的掌握，許多人難以處理自己的情緒與壓力，長期累積下來，導致自律神經失調、內分泌系統、免疫系統出問題，引發更多精神疾病，例如焦慮、失眠、憂鬱症。

在此，筆者講述一個小時候的故事，在筆者八、九歲時，有相當強烈的恨意，恨爸爸對媽媽家暴，筆者做錯事也會被父親拿皮帶抽打，但我當時還小，無法改變那時的現狀，因而在心中留下慘痛的印

記。且心中這種反抗威權的潛意識印記，深深影響著我，使我在職場上遇到威權的長官時，會下意識地做出抵抗、挑戰權威的行為，兩敗俱傷。所以，幾十年下來，我頻繁的換工作，與威權上司易有爭端，導致我很少在同一職場做滿三年以上。

筆者常被許多人說，滾石不生苔，抗壓性如同草莓族，這種外界貼的標籤，始終跟著我，不管是工作、求學，我都會帶著揮之不去的陰影，一直到我攻讀博士學位、邊在大學授課，開始往更深的生命本質去探討時，才發現潛意識對人的影響有多麼大，也因而能處理掉此負面情緒，展開不同以往的人生。

**台灣啟動夢想教育發展基金會**

讓有心改變的夾心族、有潛力的創業者、企業家，藉由基金會輔導的能量與資源，有系統、有目標、有步驟的加速夢想實現，達成更多元的財務自主。當負責經濟重擔的人財務自主時，才能照顧好家庭、父母、小孩，進而幫助更多人走向幸福，達到真正的創富！

電影《心靈捕手》中，才華洋溢的男主角對心理學教授的態度十分不友善，在教授反覆地對主角說：「這不是你的錯。沒有父母、受到寄養家庭的虐待、流離失所的生活，這些都不是你的錯……」主角才在教授的引導下，從原本的輕蔑漸漸轉變為信任，勇敢面對內心的

恐懼與怯懦，在教授的擁抱中放聲大哭，獲得嶄新的人生。

片中，主角一直在暴躁的脾氣與桀傲不遜中，隱藏自己內心的害怕，他為何躲避？為何不信任人？因為他被應該愛他的人遺棄，他害怕真誠地面對他人，潛意識告訴他會再次受到傷害，所以影片中主角沒有辦法向他的女友與周遭的人坦白。

尤其對一個幼兒來說，面對大人的指責、毆打、遺棄，並沒有能力去反抗與挑戰，在這情況下，面對種種的磨難，其無法將當下的不幸與失落歸咎於大人，可是潛意識會對那樣的情境、狀態自行找到解釋，將原因歸諸於自身，因為自己不夠好，所以才沒有得到關愛，甚至遭到責打，這樣的想法漸漸烙印在其心中，成為人生最大的恐懼。

每一次的相信都可能帶來更大的傷害，於是選擇不去相信，以作為保護自己的手段，尤其當他感到不安，往往還沒等到他人離開，自己便主動提出關係結束。

畢竟是因為被最親愛的人背叛所造成，那種痛徹心扉的心靈創傷，導致在面對關係的變動時，更容易先發制人，自行選擇離開，彷彿在那過程中，自己擁有主導權去面對生命的傷痛。

即便長大成人，知道自身創傷大部分的責任來自於大人，但潛意識仍深信著是因為自己犯下的錯誤，而產生那不堪回首的人生結局，「那不是你的錯」是說給那個潛藏在心中的潛意識，那個深信一切都是他的錯，才會導致如此狀況的潛意識聽。

年紀越大我們會越發現，大家其實都是一群受傷的人，期望有一天，有人能讓我們把內心的遺憾與傷痛放下，但有些人也發現，並不是每個人都願意原諒自己。

當無法原諒自己的受困情緒滯留於體內時，例如傷心的情緒會導

致心臟問題；害怕使我們腸胃生病；憤怒影響肝、腎，致使我們的身體狀況不佳。曾經有一位朋友她輔導一位育幼院長大的女孩，因為女孩小時候玩火導致家裡火燒房子，小女孩被送進醫院治療燒傷之後，就再也沒有見過父母，所以這位小女孩的心靈有著之前被父母遺棄的創傷，時至今日，原先的女孩已年歲半百，仍有心臟方面的問題，如果這情緒沒有被釋放，這肯定會影響一生。

很多人都有個誤解，以為人生若想成功，就要努力地衝、衝、衝，所以，看勵志的書籍、參加激勵課程，就是希望讓自己幸福，當一個人無法原諒自己的時候，可以想像他的內心世界有多麼煎熬。

因此，筆者期待成立啟動夢想基金會，協助更多人釋放自己的受困情緒，也重新校準自己內在的核心信念，讓愛內外一致，一個願意愛自己的人，才能同等地愛別人，給予他人健全、成熟的愛。

限制性信念是我們潛意識中最原始的防衛機制，能讓我們不需要思考，就能靠直覺預先做出相對應的反應。而我們從小到大，潛意識早已置入無數限制我們發展的枷鎖，以至於我們習慣於過去，害怕未來的改變。

NLP有一句話：「地圖不是疆域。」地圖不等於實際疆域是指，我們對事物的認知，只是由感官經驗得來的，其實都是我們所賦予的意義，也因為每個人的看法都不同，會做不同的詮釋，因此不用去評斷事件本身的好壞對錯，反而是你的解釋要更具正面意義。

很可惜的是，過去的教育在如何處理自己內在的知識與方法、工具太薄弱，傳統教育又會因意識形態與教育者的主觀想法，造成當事人受到貼標籤的影響與思想束縛，更遑論對於生離死別的教育與深層問題的處理，導致我們社會上，有許多人對於潛意識這種內在的知識

匱乏；且很諷刺的是，潛意識卻影響、主導著我們的人生，只是大家誤以為自己的意識決定了現在的自己。

所以，人生困境、無奈、無望等失意的負面情緒影響著我們的人生，讓我們活在一種無法翻轉人生困局的困境中，這都是潛意識所造成的影響，只是我們渾然不知罷了。

成立啟動夢想教育發展基金會，期待能透過基金會的力量，匯聚更多專家與有志之士，協助負責經濟重擔的人，了解潛意識，進而改寫自己的核心信念，朝正向情緒與健康的磁場邁進，當自己生命改觀的時候，才有能力改變周遭的人，再改變整個教育體系。我們也期望未來能將潛意識的課程，納入正規課程中，讓每個人知道，改變要從內在做起，不僅僅是以外在的方法，建構起真正富足的個人與企業。

當我們的一小步踏出去後，生命的漣漪將因此共振，向外擴散，最終，這個社會將會有更多人的內心充滿著感恩、愛，以及寬恕，更充滿著希望，相信世界大同，人生又向前跨了一大步。

期待本書的某個觀念或想法能翻轉讀者你的思考方式，共同創造財富與幸福的人生。

精華Review

🏷 立普頓博士說，意志力改變與意志力反方向的潛意識信念，成功率約為百萬分之一，如果想獲得真正的成功，就要找到修改潛意識信念的機制，讓負面程式改寫成正面程式。

🏷 史丹佛大學量子力學專家威廉・提勒（William Tiler）教授研究發現，不可見的內在永遠是可見的外在之母，外在的物質世界很容易被看見、被宣傳，甚至被視為成功的代名詞，但那些看不見的事物其實才是我們心中真正渴望的。

🏷 亞歷山大・洛伊德（Alexander Loyd）博士提到人生終極成功目標的三個問題。第一，我現在最想要的事物是什麼？第二，如果我獲得了第一題中最想要的事物，人生將會有什麼改變？第三，如果得到問題一與問題二的事物，會有什麼感覺？

🏷 我們以為自己在做的事，和自己真正所做的事，差異可能很大。大部分的時間，我們都是任由潛意識驅使，包含未來創富的人生信念，唯有重新植入正面情緒，改變潛意識的信念，才能真正控制自己的行為，不再被潛意識主宰命運。

🏷 當表意識與潛意識方向一致時，人生將掌握在自己的意識層面，由我們的意識決定未來我們想要的樣子。

🏷 身心靈平衡與擁有財富的人，不會老想著自己沒有的東西，他們在追求自己想要的東西時，不忘對已擁有的東西心存感激。開口抱怨

只會成為受害者，而只要成為受害者，就無法獲得人生中想要的東西，反會替自己招來更多不想要的東西。

《塔木德》聖經中有句話：「最偉大的善行，就是讓一個人從此不必再接受別人的善行；最好的施予，就是讓一個人有能力去施予別人。」當人們想起你時，會認為你是什麼樣的人？很有創意？值得信任？為人正派？能為這社會帶來改變？

人生不能重來，但我們可以不斷進行修正，這也是打開自己心門，取捨人生最高明的作法，每個人的成功與否，取決於自己是否有遠大的夢想及實現夢想的毅力，若能讓公司持續發展、永續經營的計畫更好。

企業經營的成敗，最終關鍵取決於人的心念，企業經營不能只單從表意識著手，許多障礙來自於企業成員的內在。

人們往往相信錯誤是無法避免的，不僅接受錯誤並且預期錯誤可能發生。對於一位積極且能預防錯誤發生的人，錯誤發生機率將低於其他人，一個人對自己的容忍、妥協，往往是錯誤不斷發生的起因，業者要認清錯誤發生主要來自兩大原因，第一是缺乏知識、技能；再者則是缺乏注意力與養成不良態度。

# 附 錄

# 創富能量手冊

　　本手冊主要是讓讀者在家操作練習，確實提升創造自我財富的能量。當自我能量改善後，便能以善念與愛心，對家人、親友進行協助，實現一個靠自己力量創造財富的幸福人生。

🍂 本手冊智慧財產權與著作版權屬於創見文化出版社與作者所有，非經授權不得有任何公開對外營利之行為。

🍂 本手冊主要為自我能量提升，非醫療行為，任何涉及醫療有關問題，應遵從醫師指示，並與醫師溝通後，方得決定後續醫療行為。

🍂 操作技巧：

　1.冥想音樂檔，請掃描QR Code。

　2.請找個安靜、舒服、通風良好並且不被干擾的空間進行。

　3.操作任何內容前，應先進行祈禱❣，其效果將更顯著。

　4.操作結束，應對上蒼（神性智慧）表達感謝，幸福感會明顯提升。

❣：祈禱短文參考：「感謝上蒼（神性智慧）讓我在這安全且神聖的療癒空間進行操作，祈請此次療癒效果能放大 100 倍，感謝上蒼（神性智慧）。」

## 冥想心靈術

### 放鬆感恩冥想

1.姿勢

| 步驟 | 流程／動作 |
|------|-----------|
| 鬆 | 呈輕鬆的姿勢、伸直腰脊。如果坐在椅子上，兩腳打開與肩同寬。 |
| 收 | 輕收下巴，輕閉雙眼。如果採下盤法坐姿，坐下時自然交叉雙腿，若有不適，可在屁股下放置厚軟墊。 |
| 閉 | 將拇指、食指、中指三根手指頭，輕扣在一起。可將此動作視為讓我們放鬆的接觸心錨，未來要放鬆，就可用此動作快速放鬆。 |
| 上 | 眼球往上約 10 度。請感受頭頂是否有打開的感覺。 |

2.呼吸

| 步驟 | 流程／動作 |
|------|-----------|
| 吸 | 深吸一口氣，約 4 至 5 秒。吸氣要吸到肚子，肚子確實鼓起來。 |
| 住 | 摒住氣，停留 4 至 5 秒，讓身體各細胞確實吸收到氧氣，呼吸秒數依個人狀況為主，若無法憋氣，不一定要設定秒數。 |
| 吐 | 將氣慢慢吐出來，吐氣時，在腦中觀想，將體內不好的毒素排除掉，一直吐到肚子收起來。 |

3.放鬆

| 步驟 | 流程／動作 |
|------|-----------|
| 全身放鬆 | 請將身體放鬆，依序從頭→眉→鼻→嘴→喉→肩→胸→背→肚→臂→臀→大腿→小腿→腳，讓身體完全放鬆。 |

### 4.感恩

| 步驟 | 流程／動作 |
|---|---|
| 感恩身體 | 請好好感謝這操勞的身體，從頭開始，感謝這顆頭幫我這麼多忙，都沒有機會好好感謝，對自己的頭說「我愛你、謝謝你」，想像頭頂上方出現白光，照進頭頂。再依序謝謝眉→鼻→嘴→喉→肩→胸→背→肚→臂→臀→大腿→小腿→腳，讓身體完全充滿光與愛。 |

### 5.結束

| 步驟 | 流程／動作 |
|---|---|
| 數 | 感謝完後，開始進行收尾的動作，在心中默數到 5，1、2…5，默數時，請觀想自己身體更健康，自己更有自信、充滿活力。 |
| 開 | 默數完後，請將眼睛慢慢張開，感覺全身充滿能量。 |

### 心靈術25到1專注練習

| 步驟 | 流程／動作 |
|---|---|
| 鬆 | 輕鬆舒服的姿勢，如果坐在椅子上，兩腳請打開與肩同寬；但如果你是採取下盤法坐姿，坐下時自然交叉雙腿，若有不適，可在屁股放置厚軟墊。 |
| 閉 | 閉上雙眼，完全放鬆。 |
| 呼 | 深呼吸三次後，開始呼氣，從 25 開始倒數，並在心中觀想正在倒數的數字。 |
| 觀 | 觀想一幕最快樂的畫面，使自己進入一個比以前更深層、健康的心靈層次。 |
| 數 | 從 10 數到 1，並感覺擁有全身的主導權。 |

| | |
|---|---|
| 感 | 感覺自己的財富與夢想已經實現，享受這種感覺，願望將在腦中形成程式。 |
| 數 | 數到 5 時，請觀想自己身體更健康、自己更有自信、更充滿活力。 |
| 開 | 5、4…1，眼睛慢慢張開。 |

## ❦ 心靈術3到1法

| 步驟 | 流程／動作 |
|---|---|
| 鬆 | 以輕鬆舒服的姿勢，閉上雙眼，完全放鬆。 |
| 閉 | 深呼吸 3 次，然後吸氣約 4 至 5 秒，摒氣約 4 至 5 秒，最後吐氣約 4 至 5 秒。 |
| 呼 | 呼氣時，心中觀想數字 3，並默念 3。 |
| 觀 | 第三次呼氣數 3 時，開始操作感恩冥想。 |
| 數 | 完成感恩冥想後，接下來開始在心中觀想數字 2，這個動作要連續三次，越慢越好。 |
| 感 | 呼氣數 2 時，開始觀想最快樂、舒服的完全放鬆畫面。例如泡溫泉，享受在溫泉中的觸感，觀想畫面越細膩越好，停留多一點時間。 |
| 數 | 完成快樂畫面的觀想後，接下來開始在心中觀想數字 1，一樣連續做三次，越慢越好。 |
| 開 | 呼氣數 1 時，我們會進入一個比以前更深層、健康的心靈層次，感覺自己對身體各感官擁有絕對的主導權。 |

## 🍫 運用心靈術達成目標

| 步驟 | 流程／動作 |
|------|-----------|
| 目 | 設定夢想目標。試著觀想問題解決後，想要的共好、有利他心的夢想畫面。 |
| 觀 | 觀想達成夢想目標之後的感覺。 |
| α | 運用 3 到 1 法，使大腦進入 α 波狀態。 |
| 右 | 創造由右到左的三個心靈畫面。右邊畫面是目前的問題，越細膩越好，盡可能停留多一點時間，讓潛意識清晰。 |
| 中 | 頭轉到中間的畫面，中間的畫面是打算用什麼方法，來解決目前的問題。 |
| 左 | 頭轉到最左邊的畫面，最左邊的畫面是夢想實現的畫面，現面臨到的問題被解決了，記得要是利他心的畫面。 |
| 謝 | 完成畫面的觀想後，感謝更高的神性智慧幫助創造與實現。 |
| 貼 | 隨手攜帶便利貼，一有靈感或直覺，便趕緊記下來。 |

# 核心信念校準（以新方向平衡技巧為例）

## 財富信念確認

| 步驟 | 流程／動作 |
|------|-----------|
| 鬆 | 以輕鬆的姿勢站立，手臂自然下垂、放鬆。 |
| 閉 | 輕閉雙眼。 |
| 問 | 問問內心，是否值得擁有比現在更多金錢？感受自己身體是否往後倒，如果沒有往後傾倒，可繼續詢問其他問題。 |
| 問 | 問問內心，是否有受困情緒以致自己不值得擁有更多金錢？如果沒有往後傾倒，請詢問是否有其他心靈創傷或繼承受困情緒，亦或是情緒共振和心牆，導致自己不值得擁有更多金錢。 |
| 問 | 問問內心，是否有其他心靈創傷，造成自己不值得擁有更多金錢？如果沒有往後傾倒，將處理財富創造的核心信念；如果往後傾倒，可以依據《情緒密碼》註的受困情緒表找出受困情緒進行釋放。<br><br>註：情緒密碼表請參考 237 頁。 |

## 財富信念校準

| 步驟 | 流程／動作 |
|------|-----------|
| 腳 | 坐下時，確認雙腳交叉是慣於左上右下還是左下右上，感受自己坐下來問問題時，用哪種方式會往前傾。 |

| 測 | 若腳呈現左上右下較往前傾，那就保持此姿勢，反之就改採右上左下。假如測試效果不明顯，可以站起來詢問，還是不明顯的話，就請他人協助做肌肉測試。 |
|---|---|
| 手 | 將手臂交叉，確認自己慣於左上右下還是左下右上。 |
| 測 | 如果手呈左上右下比較往前傾時，那就保持此姿勢，反之就右上左下。 |
| 腿 | 選好之後，雙手反握，放在腿上，然後讓腦中產生任何抗拒的念頭和想法，全部浮現出來。 |
| 閉 | 請閉上眼，內心開始說：「我值得擁有比現在更富裕的人生。」然後讓腦中產生抗拒的任何念頭和想法，全部浮現出來。 |
| 說 | 繼續閉上雙眼，對自己默默說：「我值得擁有比現在更富裕的人生。」如果腦中這時有「你不可能，你會失敗」等抗拒的聲音，請讓它們全部浮現出來。 |
| 說 | 繼續說：「我值得擁有比現在更多金錢的富裕人生。」直到所有的抗拒都消失為止。有時會有圖像，有時會聽到聲音，甚至感覺身體奇妙的變化，直到抗拒不見，感覺有種幸福快樂的感覺，然後慢慢睜開眼睛。 |

| 手 | 當抗拒完全消失時，請將眼睛睜開，把交叉的雙腳打開，手指尖相對。 | |
|---|---|---|
| 測 | 最後，請站起來，再次用搖擺測試詢問自己：「我值得擁有比現在更富裕的人生嗎？」請感受自己身體是否往前傾，如果往前傾，表示完成信念校準；若沒有，再次確認是否有隱藏的受困情緒沒有被釋放出來。 | |

### 🐾 自我認同信念校準

| 步驟 | 流程／動作 |
|---|---|
| 腳 | 坐下時，確認雙腳交叉是慣於左上右下還是左下右上，感受自己坐下來問問題時，用哪個方式會往前傾。 |
| 測 | 若身體對腳呈現左上右下較往前傾，那就保持此姿勢，反之就改採右上左下。假如測試效果不明顯，可以站起來詢問，還是不明顯的話，就請他人協助做肌肉測試。 |
| 手 | 將手臂交叉，確認自己慣於左上右下還是左下右上。 |
| 測 | 如果身體對於手是左上右下比較往前傾時，那就保持此姿勢，反之就右上左下。 |
| 腿 | 選好之後，雙手反握，放在腿上，然後讓腦中產生任何抗拒的念頭和想法，全部浮現出來。 |
| 閉 | 請閉上眼，內心開始說：「我值得擁有比現在更富裕的人生。」然後讓腦中產生抗拒的任何念頭和想法，全部浮現出來。 |
| 說 | 繼續閉上雙眼，對自己默默說：「我值得愛我自己、接納自己、原諒我自己。」如果腦中這時有「你不可能，你會失敗」等抗拒的聲音，請讓它們全部浮現出來。 |

| 說 | 繼續說：「我值得愛我自己、接納自己、原諒我自己。」直到所有的抗拒都消失為止。有時會有圖像，有時會聽到聲音，甚至感覺身體奇妙的變化，直到抗拒不見，感覺有種幸福快樂的感覺，然後慢慢睜開眼睛。 |
|---|---|
| 手 | 當抗拒完全消失時，請將眼睛睜開，把交叉的雙腳打開，手指尖相對。 |
| 測 | 最後，請站起來，再次用搖擺測試詢問自己：「我值得一個愛我自己、接納自己、原諒我自己的快樂人生嗎？」請感受自己身體是否往前傾，如果往前傾，表示完成信念校準；若沒有，再次確認是否有隱藏的受困情緒沒有被釋放出來。 |

## 🍃 幸福與成功人生信念校準

| 步驟 | 流程／動作 |
|---|---|
| 腳 | 坐下時，確認雙腳交叉是慣於左上右下還是左下右上，感受自己坐下來問問題時，用哪個方式會往前傾。 |
| 測 | 若身體對腳呈現左上右下較往前傾，那就保持此姿勢，反之就改採右上左下。假如測試效果不明顯，可以站起來詢問，還是不明顯的話，就請他人協助做肌肉測試。 |
| 手 | 將手臂交叉，確認自己慣於左上右下還是左下右上。 |
| 測 | 如果身體對於手是左上右下比較往前傾時，那就保持此姿勢，反之就右上左下。 |
| 腿 | 選好之後，雙手反握，放在腿上。然後讓腦中產生任何抗拒的念頭和想法，全部浮現出來。 |
| 閉 | 請閉上眼，內心開始說：「我值得擁有比現在更富裕的人生。」然後讓腦中產生任何抗拒的念頭和想法，全部浮現出來。 |
| 說 | 繼續閉上雙眼，對自己默默說：「我值得擁有幸福和成功的人生。」如果腦中這時有「你不可能，你會失敗」等抗拒的聲音，請讓它們全部浮現出來。 |

| 說 | 繼續說：「我值得擁有幸福和成功的人生。」直到所有的抗拒都消失為止。有時會有圖像，有時會聽到聲音，甚至感覺身體奇妙的變化，直到抗拒不見，感覺有種幸福快樂的感覺，然後慢慢睜開眼睛。 |
|---|---|
| 手 | 當抗拒完全消失時，請將眼睛睜開，把交叉的雙腳打開，手指尖相對。 |
| 測 | 最後，請站起來，再次用搖擺測試詢問自己：「我值得擁有幸福和成功的人生嗎？」請感受自己身體是否往前傾，如果往前傾，表示完成信念校準；若沒有，再次確認是否有隱藏的受困情緒沒有被釋放出來。 |

# 受困情緒釋放

## 主要受困情緒種類的確認

| 步驟 | 流程／動作 |
|---|---|
| 祈 | 祈禱上蒼（神性智慧）協助自己完成這次的療癒。盡可能選一個不會被干擾的地方，靜下心來做搖擺測試。 |
| 閉 | 有什麼根本原因造成內在與外在有不同信念？如果沒有，就感謝上蒼，開始調整內在核心信念。 |
| 問 | 問題的原因是受困情緒嗎？如果是，就進行受困情緒釋放；如果不是，繼續往下問。 |
| 問 | 問題的原因是情緒共振嗎？如果是，就進行情緒共振釋放；如果不是，繼續往下問。 |
| 問 | 問題的原因是心靈創傷嗎？如果是，就進行心靈創傷釋放；如果不是，繼續往下問。 |
| 問 | 問題的原因是心牆嗎？如果是，就進行心牆釋放；如果不是，再次確認是否為隱藏的受困情緒。 |

## 🐾 受困情緒的釋放

| 步驟 | 流程／動作 |
|---|---|
| 祈 | 祈禱上蒼（神性智慧）協助我完成這次的療癒。盡可能選一個不會被干擾的地方，靜下心來做搖擺測試。 |
| 問 | 受困情緒是在《情緒密碼表》註的A欄還是B欄？假如測試不明顯，先喝點水，用磁鐵劃過督脈，請潛意識給自己一個明確的答案。<br><br>註：情緒密碼表請參考 237 頁。 |
| 問 | 假設在A欄（或B欄），試問：是在1、3、5奇數列嗎？如果不是，繼續往下問。 |
| 問 | 問題是在2、4、6偶數列嗎？如果不是，便可能是心靈創傷，代表前面情緒種類沒有確認清楚。 |
| 問 | 假設是在奇數列，試問：是否在第1列呢？依此類推，如果不是就繼續往下問。 |
| 問 | 是在第1列第1個嗎？依此類推。如果是，詢問是否還需要知道更多（年紀、與何人有關、吸收或是共振、滯留身體何處）等。 |
| 刷 | 拿磁鐵對自己的督脈刷3次，邊刷邊說我釋放此受困情緒。<br><br>2018.11.23 22:30 |
| 問 | 是否成功釋放此受困情緒？往前傾即代表成功釋放，往後倒表示沒有清理乾淨，請再做一次。 |

## 🌿 情緒共振的釋放

| 步驟 | 流程／動作 |
|------|-----------|
| 問 | 受困情緒是在《情緒密碼表》㊟的A欄還是B欄？假如測試不明顯，先喝點水，用磁鐵畫過督脈，請潛意識給自己一個明確的答案。<br><br>㊟：情緒密碼表請參考 237 頁。 |
| 問 | 假設在A欄（或B欄），試問：是在 1、3、5 奇數列嗎？如果不是，繼續往下問。 |
| 問 | 問題是在 2、4、6 偶數列嗎？如果不是，便可能是心靈創傷，代表前面情緒種類沒有確認清楚。 |
| 問 | 假設是在奇數列，試問：是否在第 1 列呢？依此類推，如果不是就繼續往下問。 |
| 問 | 是在第 1 列第 1 個嗎？依此類推。如果是，詢問是否還需要知道更多（年紀、與何人有關、吸收或是共振、滯留身體何處）等。 |
| 刷 | 拿磁鐵對自己的督脈刷 3 次，邊刷邊說我釋放此受困情緒。 |
| 問 | 是否成功釋放此受困情緒？往前傾即代表成功釋放，往後倒表示沒有清理乾淨，請再做一次。 |

## 🌿 心靈創傷的釋放

| 步驟 | 流程／動作 |
|------|-----------|
| 問 | 是否為 2 個受困情緒？如果不是，是否為 3 個受困情緒？心靈創傷通常為 2 至 3 個，很少超過 4 個以上。 |
| 問 | 是否需要把每個情緒找出來？如果不是，拿磁鐵對自己的督脈刷 3 次，直接釋放（結束）；如果是，請繼續問。 |
| 問 | 第一個受困情緒是在《情緒密碼表》的A欄還是B欄？找出每一個受困情緒，然後一起刷、清除。 |
| 問 | 假設都找出來，問：是否需要知道更多嗎？如果是，詢問是否還需要知道（年紀、與何人有關、吸收或是共振、滯留身體何處）等。 |

| 問 | 上述資訊是否正確？正確就刷 3 次清除；若不正確，回去找哪裡有遺漏。 |
|---|---|
| 刷 | 拿磁鐵對自己的督脈刷 3 次，邊刷邊說我釋放此受困情緒。 |
| 問 | 是否成功釋放此受困情緒？往前傾即代表成功釋放，往後倒表示沒有清理乾淨，需再做一次。 |

## 🍂 心牆的釋放

| 步驟 | 流程／動作 |
|---|---|
| 問 | 是否現在可以釋放心牆上的情緒？如果不可以，再繼續問是否為隱藏心牆，然後釋放隱藏心牆的情緒。 |
| 問 | 受困情緒是在《情緒密碼表》的 A 欄還是 B 欄？找出受困情緒，然後拿磁鐵對自己的督脈刷 3 次，直接釋放（結束）。 |
| 問 | 如果找到某欄某列，但無法找到哪一個情緒，那此為繼承來的受困情緒。 |
| 問 | 繼承情緒是在《情緒密碼表》的 A 欄還是 B 欄？盡力找出繼承情緒。 |
| 問 | 此繼承的情緒是來自於父親？母親？如果是，要繼續詢問是否為父親／母親的上一代，往前去推每一代，然後找出來。 |
| 刷 | 上述資訊是否正確？拿磁鐵對自己的督脈刷 10 次。正確，要詢問是否可以連同情緒源頭一起釋放。 |
| 問 | 是否成功釋放此繼承情緒？ |

## 情緒密碼表

| | A 欄 | B 欄 |
|---|---|---|
| 第一列<br>心臟或小腸 | 被遺棄<br>背叛<br>淒涼<br>迷失方向<br>得不到回應的愛 | 徒勞無助<br>心痛<br>不安全感<br>狂喜<br>脆弱 |
| 第二列<br>脾臟或胃 | 焦慮<br>絕望<br>厭惡<br>緊張<br>擔憂 | 失敗感<br>無助<br>無望<br>缺乏控制<br>低自尊 |
| 第三列<br>肺臟或大腸 | 哭泣<br>灰心喪氣<br>被拒絕<br>悲傷<br>傷心遺憾 | 困惑<br>防衛<br>哀痛<br>自虐<br>倔強 |
| 第四列<br>肝臟或膽囊 | 憤怒<br>憤恨<br>內疚<br>憎恨<br>怨恨 | 憂鬱<br>挫折感<br>猶豫不決<br>恐慌<br>付出被視為理所當然 |
| 第五列<br>腎臟或膀胱 | 責備<br>懼怕<br>恐懼<br>恐怖<br>惱怒 | 衝突<br>對創新感到不安<br>驚恐<br>孤立無援<br>優柔寡斷 |
| 第六列<br>腺體及性器官 | 羞辱<br>妒忌<br>渴求<br>強烈的慾望<br>不堪負荷 | 傲慢<br>羞恥<br>震驚<br>無價值感<br>無用感 |
| 參考來源：陳威廷療癒師 情緒密碼™ 中文官方網站 The Emotion Code ™ | | |

# 學習領航家—— 📹 新絲路視頻

## 讓您一饗知識盛宴，偷學大師真本事！

活在知識爆炸的 21 世紀，您要如何分辨看到的是落地資訊還是忽悠言詞？

成功者又是如何在有限時間內，從龐雜的資訊中獲取最有用的知識？

巨量的訊息，帶來新的難題，新絲路視頻讓您睜大雙眼，

從另一個角度重新理解世界，看清所有事情的真相，

培養視野、養成觀點！

想做個聰明的閱聽人，您必須懂得善用新媒體，不斷地學習。📹新絲路視頻 便提供閱聽者一個更有效的吸收知識方式，讓想上進、想擴充新知的你，在短短 30 ～ 60 分鐘的時間內，便能吸收最優質、充滿知性與理性的內容（知識膠囊），快速習得大師的智慧精華，讓您閉眼的時間也能很知性！

## 師法大師的思維，長知識、不費力！

　　📹新絲路視頻 重磅邀請台灣最有學識的出版之神——王晴天博士主講，有料會寫又能說的王博士憑著扎實學識，被喻為台版「羅輯思維」，他不僅是天資聰穎的開創者，同時也是勤學不倦，孜孜矻矻的實踐家，再忙碌，每天必撥時間學習進修。他根本就是終身學習的終極解決方案！

　　在 📹新絲路視頻，您可以透過「歷史真相系列 1 ～」、「說書系列 2 ～」、「文化傳承與文明之光 3 ～」、「時空史地 4 ～」、「改變人生的 10 個方法 5 ～」一同與王博士探討古今中外歷史、文化及財經商業等議題，有別於傳統主流的思考觀點，不只長知識，更讓您的知識升級，不再人云亦云。

　　📹新絲路視頻 於 YouTube 及兩岸的視頻網站、各大部落格及土豆、騰訊、網路電台……等皆有發布，邀請您一同成為知識的渴求者，跟著 📹新絲路視頻 偷學大師的成功真經，開闊新視野、拓展新思路、汲取新知識。

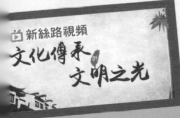

# 華文版 Business & You 完整15日絕頂課程

## 從內到外，徹底改變您的一切！

然為背景，一個項目、一塊兒拼、一起贏！古山論劍〉，BU齊心論「齊心」的互相認識，份了解，彼理解，擰成兒，一條鞭

以《BU藍皮書》《覺醒時刻》為教材，採用NLP科學式激勵法，激發潛意識與左右腦併用，BU獨創的創富成功方程式，可同時完成內在與外在的富足，含章行文內外兼備是也！

以《BU紅皮書》與《BU綠皮書》兩大經典為本，保證教會您成功創業、財務自由之外，也將提升您的人生境界，達到真正快樂的人生目的。並藉遊戲式教學，讓您了解DISC性格密碼，對組建團隊與人脈之開拓能力均可大幅提升。

以《BU黑皮書》超級經典為本，手把手教您眾籌與商業模式之T&M，輔以無敵談判術，完成系統化的被動收入模式，由E與S象限，進化到B與I象限，達到真正的財富自由！

$$E \mid B$$
$$S \mid I$$

以史上最強的《BU棕皮書》為主軸，教會學員絕對成交的秘密與終極行銷之技巧，並整合了全球行銷大師核心密技與642系統之專題研究，堪稱目前地表上最強的行銷培訓課程。

接 建 初 追 轉

**日 論劍班**

**2日 成功激勵班**

**3日 快樂創業班**

**4日 OPM 眾籌談判班**

**5日市場ing 行銷專班**

以上 1+2+3+4+5 共 **15** 日 BU 完整課程，
合全球培訓界主流的二大系統及參加培訓者的三大目的：

## 成功激勵學 × 落地實戰能力 × 借力高端人脈

建構自己的魚池，讓您徹底了解《借力與整合的秘密》

以上課程報名，請上 silkbook●com 新絲路 www.silkbook.com

全球華語
魔法講盟

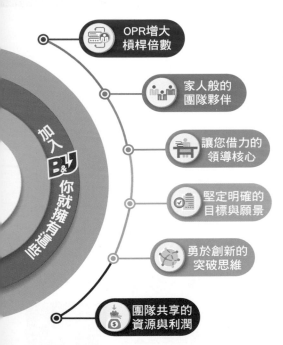

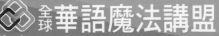